人民的信仰

张荣臣　蒋成会 ◎ 著

人民东方出版传媒
People's Oriental Publishing & Media
东方出版社
The Oriental Press

图书在版编目（ＣＩＰ）数据

人民的信仰 / 张荣臣，蒋成会著 . -- 北京：东方
出版社，2023.1

ISBN 978-7-5207-2857-7

Ⅰ . ①人… Ⅱ . ①张…　②蒋…　Ⅲ . ①马克思主义 -
信仰 - 研究 - 中国 Ⅳ . ① A81 ② D61

中国版本图书馆CIP数据核字（2022）第120795 号

人民的信仰

（RENMIN DE XINYANG）

作　　　者：张荣臣　蒋成会

策划编辑：鲁艳芳

责任编辑：杭　超　鲁艳芳

装帧设计：嘉信一丁

出　　　版：东方出版社

发　　　行：人民东方出版传媒有限公司

地　　　址：北京市东城区朝阳门内大街 166号

邮政编码：100010

印　　　刷：北京明恒达印务有限公司

版　　　次：2023年1月第1版

印　　　次：2024年1月北京第7次印刷

开　　　本：710毫米×1000毫米　1/16

印　　　张：14

字　　　数：174 千字

书　　　号：ISBN 978-7-5207-2857-7

定　　　价：59.80 元

发行电话：（010）85924663 85924644 85924641

党的十九届六中全会通过的《中共中央关于党的百年奋斗重大成就和历史经验的决议》指出，中国共产党自1921年成立以来，始终把为中国人民谋幸福、为中华民族谋复兴作为自己的初心使命，始终坚持共产主义理想和社会主义信念，团结带领全国各族人民为争取民族独立、人民解放和实现国家富强、人民幸福而不懈奋斗，已经走过100多年光辉历程。100多年来，党领导人民浴血奋战、百折不挠，创造了新民主主义革命的伟大成就；自力更生、发愤图强，创造了社会主义革命和建设的伟大成就；解放思想、锐意进取，创造了改革开放和社会主义现代化建设的伟大成就；自信自强、守正创新，创造了新时代中国特色社会主义的伟大成就。党和人民百年奋斗，书写了中华民族几千年历史上最恢宏的史诗。

那么，谁是中国共产党？她的成员是哪些人？她的责任是什么？

早在2016年，有一则视频在网上广为流传，被多家媒体发布，并受到了广大网民的热切关注，这就是中央电视台特别推出的公益广告——《我是谁》，视频中展示了很多工作在不同岗位的普通党员，有加班晚走的人民教师、披星戴月清扫街道的环卫工人、手术后在走廊里睡着的主刀大夫、带头冲进暴雨抢救人民财产的基层干部、大雨中坚守岗位的交通民警等，他们来自不同的地方，工作环境不尽相同，时时刻刻肩负着自己的责任，为身边的人和事贡献着自己微薄的力量，他们有一个共同的身份——中国共产党党员！镜头下他们的微笑、自信展示出了中国共产党员的风范，真正体现了党和国家事业的新发展对党员的新要求。

我是谁，是什么样的人，也许你从来没有想过

我是离开最晚的那一个

我是开工最早的那一个

我是想到自己最少的那一个

我是坚守到最后的那一个

我是行动最快的那一个

我是牵挂大家最多的那一个

我是中国共产党

始终和你在一起

2017年10月18日，在中国共产党第十九次全国代表大会上，习近平总书记指出，不忘初心，方得始终。中国共产党人的初心和使命，就是为中国人民谋幸福，为中华民族谋复兴。这个初心和使命是激励中国共产党人不断前进的根本动力。全党同志一定要永远与人民同呼吸、共命运、心连心，永远把人民对美好生活的向往作为奋斗目标，以永不懈怠的精神状态和一往无前的奋斗姿态，继续朝着实现中华民族伟大复兴的宏伟目标奋勇前进。

1921年，中华民族危亡之际，中国共产党第一次全国代表大会召开，在古老的中国出现了一个完全新式的、以共产主义为目的、以马克思列宁主义为行动指南的统一的和唯一的无产阶级政党，这是中国历史上开天辟地的大事变。中国共产党从成立起就把为人民谋幸福、为中华民族谋复兴的重任扛在肩上，一切为了人民、一切依靠人民，真诚代表广大人民的根本利益。中国共产党已经走过了100多年的历程。100多年的风风雨雨，100多年的艰苦历程，100多年的不断发展，中国共产党人用钢铁般的意志在中国近现代史上不断书写着辉煌篇章。中国共产党领导

中国人民冲破重重难关，夺取了革命斗争和经济建设的一个又一个胜利，取得了举世瞩目的成就。当初只有 50 多名党员的党，发展成为一个拥有 9500 多万名党员的世界上最大的政党。红旗飘飘，党旗猎猎，祖国欣欣向荣，经济蓬勃发展，人民安居乐业，国际地位空前提高，中国人民正满怀喜悦和希望朝着民族复兴的宏伟目标迈进！

历史和现实表明，中国共产党走出了一条亘古不变的真理：中国共产党是时代的中流砥柱，是中华民族的脊梁！办好中国的事情，关键在党，在中国共产党的领导下，中华民族的伟大复兴指日可待，富强民主文明和谐美丽的现代化强国的目标也会顺利实现。

目 录

第一章
从嘉兴南湖的游船说起

　　浙江嘉兴南湖，是一个风景秀丽的地方。1921 年 8 月初的一天，参加中国共产党第一次全国代表大会的代表，从上海北站坐早班火车来到嘉兴，在南湖的一条游船上宣告了中国共产党的诞生。1964 年 4 月 5 日，一大代表董必武视察南湖，仔细察看纪念船后欣然题诗"革命声传画舫中，诞生共党庆工农。重来正值清明节，烟雨迷蒙访旧踪。"1991 年 3 月 18 日，彭真登临纪念船，深情地说："这船不大，但前途远大，有了这艘船，才诞生了社会主义中华人民共和国。"改革开放以来，党和国家领导人亲切关怀党的诞生地，或瞻仰红船，或亲笔题词，勉励我们"沿着南湖红船开辟的革命航道奋勇前进"。今天，当我们站在这艘红船面前，任何一位对中国历史和中国共产党历史有所了解的人，都会心潮澎湃，感慨万千。

一、阿芙乐尔号巡洋舰的炮声

阿芙乐尔号巡洋舰 1900 年在圣彼得堡的海军船厂下水，于 1902 年建成服役。"阿芙乐尔"意为"黎明"或"曙光"，在古罗马神话中是指司晨的女神。1904 年日俄战争爆发，阿芙乐尔号随俄国第二太平洋舰队被派往远东增援，1905 年 5 月，在对马海峡海战中，俄国舰队几乎全军覆没。阿芙乐尔号脱离了俄国舰队，掉头穿过对马海峡，最后到达菲律宾被扣留，战后归还俄国。归国途中，受革命感染的水兵偷偷购置武器，准备回国后进行武装斗争。沙皇政府发觉阿芙乐尔号的水兵不可靠，便将其改为教练舰。

在第一次世界大战中，阿芙乐尔号在芬兰湾执行巡逻任务。1916 年，因作战受伤被送到船厂维修。1917 年二月革命时，舰上水兵发动起义，参加推翻沙皇的斗争。同年 5 月 12 日，列宁到正在工厂大修的阿芙乐尔号上发表演说，使水兵们受到教育，纷纷加入布尔什维克党。7 月 4 日，阿芙乐尔号宣布，只服从波罗的海舰队布尔什维克委员会的领导。1917 年 11 月 6 日，阿芙乐尔号的官兵执行革命军事委员会的命令，把军舰开到涅瓦河口，停泊在尼古拉耶夫桥下。11 月 7 日（俄历 10 月 25 日），舰上电台广播了列宁签署的《告俄国公民书》（这座电台至今仍完好无损地被保存在舰上），当时，革命军事委员会向临时政府发出最后通牒，令其在 6 时 20 分之前无条件投降，但遭到拒绝。当晚 9 时 45 分，阿芙乐尔号巡洋舰率先向当时的临时政府所在地冬宫开炮（"十月革命一声炮响"就是指阿芙乐尔号巡洋舰炮打冬宫发出进攻的信号），揭开了十月革命的序幕。1923 年，该舰改为练习舰。法西斯德国进攻列宁格勒时，舰上的九门主炮被拆卸下来，部署在城市外围，扼守防地；第十门主炮、指挥员和炮兵班留在舰上迎敌。危急关头，阿芙乐尔号巡洋舰自沉于港湾中，战争后期被打捞起来并修复。从 1948 年 11 月起，它作为十月革命的纪念物和中央军事博物馆分馆，永久性地停泊在涅瓦河畔，供人们参观、瞻仰。阿芙乐尔号发出了"十月革命一声炮响"，永垂青史。近百年来，这艘巡洋舰的名字一直响彻寰宇。

2019 年 6 月 6 日（圣彼得堡时间），中国国家主席习近平在圣彼得堡同俄罗斯总统普京会晤。会晤前，习近平主席和普京总统共同登上曾打响十月革命第一炮的阿芙乐尔号巡洋舰，听取有关历史介绍。习近平主席表示，阿芙乐尔号巡洋舰对中国人民而言意义非凡。当年十月革命一声炮响，给中国送来了马克思主义，为中国共产党的诞生发挥了重要作用。

中国共产党的诞生意味着一个新的革命火种在沉沉黑夜中点燃了。从此，在古老落后的中国出现了完全新式的，以马克思列宁主义为行动指南的，以实现社会主义和共产主义为奋斗目标的统一的无产阶级政党。毛泽东后来说："中国产生了共产党，这是开天辟地的大事变。"[①]

中华民族是世界上古老而伟大的民族，创造了绵延 5000 多年的灿烂文明，为人类文明进步作出了不可磨灭的贡献。1840 年鸦片战争以后，由于西方列强入侵和封建统治腐败，中国逐步沦为半殖民地半封建社会，国家蒙辱、人民蒙难、文明蒙尘，中华民族遭受了前所未有的劫难。为了拯救民族危亡，中国人民奋起反抗，仁人志士奔走呐喊，进行了可歌可泣的斗争。太平天国运动、洋务运动、戊戌变法、义和团运动接连而起，各种救国方案轮番出台，但都以失败告终。这些斗争都不同程度地打击了帝国主义和封建主义的统治，阻止了帝国主义灭亡中国的步伐。但是这些斗争都没有给中国人民指出正确的斗争方向和前进的道路，也

[①]《毛泽东选集》第 4 卷，人民出版社 1991 年版，第 1514 页。

不可能完成推翻帝国主义和封建主义的革命任务。无数志士仁人发出同样的呼喊：中国的出路在哪里？

孙中山先生领导的辛亥革命推翻了统治中国几千年的君主专制制度，对中国社会进步具有重大意义，但也未能改变中国半殖民地半封建的社会性质和人民的悲惨命运。事实表明，不触动封建根基的自强运动和改良主义，旧式的农民战争，资产阶级革命派领导的民主革命，以及照搬西方资本主义的其他种种方案，都不能完成救亡图存的民族使命和反帝反封建的历史任务。中国期待着新的社会力量寻找先进理论，以开创救国救民的道路。建立一个无产阶级政党，以领导进行反帝反封建的革命，就提到了日程上来。

中国共产党是马克思主义与中国工人运动相结合的产物。20世纪初期，世界和中国发生的两大政治事件促进了中国共产党的诞生。1917年俄国十月社会主义革命的胜利，促进了马克思主义在中国的传播，为中国共产党的建立奠定了理论基础。1919年的五四运动，标志着中国工人阶级以独立的政治力量第一次登上了历史舞台，为中国共产党的建立提供了阶级基础，而且在五四爱国运动中，涌现出一批为追求民族独立和国家富强而积极探索救国救民真理的新的先进分子，特别是陈独秀、李大钊等一批具有初步共产主义思想的知识分子，很快成为共产党早期组织的发起人。可见，五四运动不仅为中国共产党的成立奠定了阶级基础，而且为中国共产党的成立锻造了骨干力量。这两大政治事件对中国共产党的诞生起到了重要的促进作用。

与此同时，各地先后建立起共产主义小组。中国共产党的最早组织是在上海建立的。1920年8月，上海共产党早期组织正式成立。参加者有陈独秀、李汉俊、李达、陈望道、俞秀松等，陈独秀任书记。上海共产党早期组织成立后，实际上成为各地建党活动的联络中心，起着中国共产党发起组的重要作用。1920年10月，由李大钊、张申府、张国焘

3 人发起成立北京共产党早期组织，李大钊为负责人。罗章龙、刘仁静、邓中夏、高君宇、何孟雄、缪伯英、范鸿劼、张太雷等先后加入，成员大多为北京大学马克思学说研究会的骨干。1920 年秋，董必武、陈潭秋、包惠僧等在武昌秘密召开会议，正式成立武汉共产党早期组织，推选包惠僧为书记。1920 年秋，施存统、周佛海等在日本东京建立旅日共产党早期组织，施存统为负责人。1920 年秋冬之际，毛泽东、何叔衡等在长沙以新民学会骨干为核心秘密组建共产党早期组织。1920 年底至 1921 年初，王尽美、邓恩铭等在济南建立共产党早期组织。1921 年春，在与无政府主义者组织的"共产党"分道扬镳后，陈独秀等重新组建广州共产党早期组织，成员有谭平山、陈公博、谭植棠等，陈独秀、谭平山先后任书记。1921 年，张申府、周恩来、赵世炎、刘清扬等在法国巴黎也建立了由留学生中先进分子组成的共产党早期组织，张申府为负责人。这些共产党早期组织的名称不一，有的叫"共产党"，有的叫"共产党支部"或"共产党小组"，它们的性质相同，都是组成统一的中国共产党的地方组织，后来被统称为"共产主义小组"。各地共产主义小组成立后，有组织、有计划地扩大马克思主义的研究和宣传，批判各种反马克思主义思潮，发起建立社会主义青年团，创办工人刊物，开办工人学校，领导工人成立工会，开展工人运动，进一步促进了马克思主义同工人运动的结合。这样，正式成立中国共产党的条件就基本具备了。

1921 年 6 月，共产国际派马林等人到上海。他们建议召开党的全国代表大会，正式成立中国共产党。上海党的发起组在李达的主持下进行了全国代表大会的筹备工作，并向各地党的组织写信发出通知，要求各地选派两名代表出席大会。来自北京、汉口、广州、长沙、济南和日本的各地代表到达上海。终于，历史定格在 1921 年 7 月 23 日晚这一关键时刻。

这是一个平常的夏夜，但在中国的历史上却有着深远意义。当晚，中国共产党第一次全国代表大会正式开幕了。上海的李达、李汉俊,武汉的董必武、陈潭秋,长沙的毛泽东、何叔衡,济南的王尽美、邓恩铭……他们身份各异、口音不同,却为了一个共同的目标走到一起。来自共产国际的代表马林首先致辞,对中国共产党的成立表示祝贺,代表们随后具体商讨了大会的任务和议程。

从1921年7月24日到29日,党的一大会议一直顺利进行,代表们对党的纲领和决议作了较为详尽的讨论。30日晚上,情况突然发生变化。当时,马林正在用英语讲话。一个穿灰色长衫的陌生男子闯入会场,朝屋里环视一周,说是要找人,然后离去。经验丰富的马林立即警惕起来,断定此人是暗探,要求会议立即停止,大家迅速分头离开。代表们离场不到一刻钟,法租界巡捕房的警车就到了。由于会场受到外国巡捕搜查和暗探的注意,代表们陆续转移到浙江嘉兴,在南湖的一艘游船上召开了最后一天的会议。

大会确定了党的名称,通过了党的纲领,选举了党的领导机构。从此,在古老的中国出现了一个完全新式的、以共产主义为目的、以马克思列宁主义为行动指南的统一的和唯一的无产阶级政党,这个马克思主义政党在中国大地深深扎下根来,团结带领中国各族人民为实现民族独立、人民解放和国家富强、人民富裕开始了漫长的征程,成为一支不可战胜的伟大力量。

二、跳出历史周期率

1945年,中国共产党决定不参加国民参政会,对国民党意图召开一党包办的国大以示抗议。国共之间的紧张局面,引起了中间势力的严重不安。6月,国民参政员褚辅成、黄炎培、冷遹、王云五、左舜生、傅斯年、章伯钧从重庆致电毛泽东和周恩来,大意是讲:团结问题的政治解决为全国国人所渴望，希望继续商谈。毛泽东、周恩来复电表示愿意商谈，并欢迎他们到延安来。7月1日，褚辅成、黄炎培、冷遹、傅斯年、左舜生、章伯钧从重庆飞抵延安（王云五因病未能成行）。7月4日，毛泽东特邀黄炎培等人到他家里作客。他们谈了一个下午。最后，毛泽东诚恳地问黄老：您来延安考察了几天，都有什么感想？黄炎培坦率地说："我生六十多年，耳闻的不说，所亲眼看到的，真所谓'其兴也勃焉'，'其亡也忽焉'，一人，一家，一团体，一地方，乃至一国，不少单位都没有能跳出这周期率的支配力。大凡初时聚精会神，没有一事不用心，没有一人不卖力。也许那时艰难困苦，只有从万死中觅取一生。既而环境渐渐好转了，精神也就渐渐放下了。有的因为历时长久，自然地惰性发作，由少数演为多数，到风气养成；虽有大力，无法扭转，并且无法补救。也有为了区域一步步扩大了，它的扩大，有的出于自然发展，有的为功业欲所驱使，强求发展，到干部人才渐见竭蹶、艰于应付的时候，环境倒越加复杂起来了，控制力不免趋于薄弱了。一部历史，'政怠宦成'的也有，'人亡政息'的也有，'求荣取辱'的也有，总之没有能跳出这周期率。"听了黄炎培的耿耿诤言，毛泽东对他说："我们已经找到新路，我们能跳出这周期率。这条新路，就是民主。只有让人民来监督政府，政府才不敢松懈。只有人人起来负责，才不会人亡政息。"[1]

黄炎培的担心在中国历史上是有充分根据的，中国历史上共62个正式的王朝，平均统治时间60年，都跳不出先兴后衰的周期率。苏联共产党就是没有跳出这样的周期率最后导致苏联解体，苏共"其兴也勃焉，其亡也忽焉"的历史表明，中国共产党如果不能构筑保证党和国家长治久安的执政理念和机制，也不能跳出"历史周期率"。进入新时代，

---

[1] 中央文献研究室编：《毛泽东传》第2册，中央文献出版社2011年版，第729页。

习近平总书记多次提及当年毛泽东和黄炎培在延安窑洞关于历史周期率的这段对话，并指出这番对话至今对中国共产党都是很好的鞭策和警示。

回顾党的历史，中国共产党和人民历经百年奋斗，书写了中华民族几千年历史上最恢宏的史诗，跳出了历史周期率。

新民主主义革命时期，党面临的主要任务是，反对帝国主义、封建主义、官僚资本主义，争取民族独立、人民解放，为实现中华民族伟大复兴创造根本社会条件。经过28年浴血奋斗，党领导人民在各民主党派和无党派民主人士的积极合作下，于1949年10月1日宣告成立中华人民共和国，实现民族独立、人民解放，彻底结束了旧中国半殖民地半封建社会的历史，彻底结束了极少数剥削者统治广大劳动人民的历史，彻底结束了旧中国一盘散沙的局面，彻底废除了列强强加给中国的不平等条约和帝国主义在中国的一切特权，实现了中国从封建专制政治向人民民主的伟大飞跃，也极大地改变了世界政治格局，鼓舞了全世界被压迫民族和被压迫人民争取解放的斗争。中国共产党和中国人民以英勇顽强的奋斗向世界庄严宣告，中国人民从此站起来了，中华民族任人宰割、饱受欺凌的时代一去不复返了，中国发展从此开启了新纪元。

社会主义革命和建设时期，党面临的主要任务是实现从新民主主义到社会主义的转变，进行社会主义革命，推进社会主义建设，为实现中华民族伟大复兴奠定根本政治前提和制度基础。从新中国成立到改革开放前夕，党领导人民完成社会主义革命，消灭一切剥削制度，实现了中华民族有史以来最为广泛而深刻的社会变革，实现了一穷二白、人口众多的东方大国大步迈进社会主义社会的伟大飞跃。在探索过程中，虽然经历了严重曲折，但党在社会主义革命和建设中取得的独创性理论成果和巨大成就，为在新的历史时期开创中国特色社会主义提供了宝贵经验、理论准备、物质基础。中国共产党和中国人民以英勇顽强的奋斗向世界庄严宣告，中国人民不但善于破坏一个旧世界，也善于建设一个新世界。

　　1978年12月，党召开十一届三中全会，果断结束"以阶级斗争为纲"，实现党和国家工作中心战略转移，开启了改革开放和社会主义现代化建设新时期，实现了新中国成立以来党的历史上具有深远意义的伟大转折。改革开放40周年之际，党中央隆重举行庆祝大会，习近平总书记发表重要讲话，全面总结40年改革开放取得的伟大成就和宝贵经验，强调改革开放是党的一次伟大觉醒，是中国人民和中华民族发展史上一次伟大革命，发出将改革开放进行到底的伟大号召。改革开放和社会主义现代化建设的伟大成就举世瞩目，我国实现了从生产力相对落后的状况到经济总量跃居世界第二位的历史性突破，实现了人民生活从温饱不足到总体小康、奔向全面小康的历史性跨越，推进了中华民族从站起来到富起来的伟大飞跃。中国共产党和中国人民以英勇顽强的奋斗向世界庄严宣告，改革开放是决定当代中国前途命运的关键一招，中国特色社会主义道路是指引中国发展繁荣的正确道路，中国大踏步赶上了时代。

　　党的十八大以来，中国特色社会主义进入新时代。党面临的主要任务是，实现第一个百年奋斗目标，开启实现第二个百年奋斗目标新征程，朝着实现中华民族伟大复兴的宏伟目标继续前进。以习近平同志为核心的党中央统筹把握中华民族伟大复兴战略全局和世界百年未有之大变局，强调中国特色社会主义新时代是承前启后、继往开来、在新的历史条件下继续夺取中国特色社会主义伟大胜利的时代，是决胜全面建成小康社会、进而全面建设社会主义现代化强国的时代，是全国各族人民团结奋斗、不断创造美好生活、逐步实现全体人民共同富裕的时代，是全体中华儿女勠力同心、奋力实现中华民族伟大复兴中国梦的时代，是我国不断为人类作出更大贡献的时代。

　　党的十八大以来，以习近平同志为核心的党中央领导全党全军全国各族人民砥砺前行，全面建成小康社会目标如期实现，党和国家事业取得历史性成就、发生历史性变革，彰显了中国特色社会主义的强大生机活力，党心军心民心空前凝聚振奋，为实现中华民族伟大复兴提供了更为完善的制度保证、更为坚实的物质基础、更为主动的精神力量。中国共产党和中国人民以英勇顽强的奋斗向世界庄严宣告，中华民族迎来了从站起来、富起来到强起来的伟大飞跃。

因此，全党全军全国各族人民要更加紧密地团结在以习近平同志为核心的党中央周围，全面贯彻习近平新时代中国特色社会主义思想，大力弘扬伟大建党精神，勿忘昨天的苦难辉煌，无愧今天的使命担当，不负明天的伟大梦想，以史为鉴、开创未来，埋头苦干、勇毅前行，为实现第二个百年奋斗目标、实现中华民族伟大复兴的中国梦而不懈奋斗。历史证明并将继续证明，在过去 100 多年赢得了伟大胜利和荣光的中国共产党和中国人民，必将在新时代新征程上赢得更加伟大的胜利和荣光！

三、在挑战、危险、考验面前砥砺前行

100 多年来，中国共产党始终践行初心使命，团结带领全国各族人民绘就了人类发展史上的壮美画卷，中华民族伟大复兴展现出前所未有的光明前景。党的十九大对实现第二个百年奋斗目标作出分两个阶段推进的战略安排。从 2020 年到 2035 年基本实现社会主义现代化，从 2035 年到本世纪中叶把我国建成社会主义现代化强国。到那时，我国物质文明、政治文明、精神文明、社会文明、生态文明将全面提升，实现国家治理体系和治理能力现代化，成为综合国力和国际影响力领先的国家，全体人民共同富裕基本实现，我国人民将享有更加幸福安康的生活，中华民族将以更加昂扬的姿态屹立于世界民族之林。

今天，我们比历史上任何时期都更接近、更有信心和能力实现中华民族伟大复兴的目标。同时，全党必须清醒认识到，中华民族伟大复兴绝不是轻轻松松、敲锣打鼓就能实现的，前进道路上仍然存在可以预料

和难以预料的各种风险挑战；必须清醒认识到，我国仍处于并将长期处于社会主义初级阶段，我国仍然是世界最大的发展中国家，社会主要矛盾是人民日益增长的美好生活需要和不平衡不充分的发展之间的矛盾。全党要牢记中国共产党是什么、要干什么这个根本问题，把握历史发展大势，坚定理想信念，牢记初心使命，始终谦虚谨慎、不骄不躁、艰苦奋斗，从伟大胜利中激发奋进力量，从弯路挫折中吸取历史教训，不为任何风险所惧，不为任何干扰所惑，决不在根本性问题上出现颠覆性错误，以咬定青山不放松的执着奋力实现既定目标，以行百里者半九十的清醒不懈推进中华民族伟大复兴。

斗转星移，日月如梭，中国共产党成立 100 多年了，今天依旧面临着如何跳出周期率这个历史问题。2021 年底，习近平总书记在党的十九届六中全会第二次全体会议上指出，我们党历史这么长、规模这么大、执政这么久，如何跳出治乱兴衰的历史周期率？毛泽东在延安窑洞里给出了第一个答案，这就是"只有让人民起来监督政府，政府才不敢松懈"；经过百年奋斗特别是党的十八大以来新的实践，我们党又给出了第二个答案，这就是自我革命。2022 年初，习近平总书记在十九届中央纪委六次全会上发表重要讲话，再次谈及自我革命这一中国共产党跳出历史周期率的"第二个答案"。习近平总书记今天为什么强调跳出历史周期率的"第二个答案"？是因为办好中国的事情，关键在党，关键在党要管党、全面从严治党。放眼全球，我们正面临百年未有之大变局，国内来自政治、经济、意识形态、自然界等方面的风险挑战考验是长期的，党内存在的思想不纯、政治不纯、组织不纯、作风不纯等突出问题尚未得到根本解决，党要领导广大人民群众实现中华民族伟大复兴，必须以正视问题的勇气和刀刃向内的自觉，除强调发展人民民主外，还要不断推进党的自我革命，以新时代党的自我革命引领新的伟大的社会革命。

需要强调的是，自我革命既是对民主新路的继承，又是对民主新路的创新和发展，两者是相辅相成的关系。中国共产党在发展人民民主方面作出了巨大的努力。1978 年党的十一届三中全会以后，以邓小平同志为主要代表的中国共产党人，总结新中国成立以来正反两方面的经验，总结国际共产主义运动史的教训，提出了党和国家领导制度的改革问题，提出要使我们的宪法更加完备、周密、准确，能够切实保证人民当家作主。我们健全全面、广泛、有机衔接的人民当家作主制度体系，构建多样、畅通、有序的民主渠道，丰富民主形式，从各层次各领域扩大人民有序政治参与，使各方面制度和国家治理更好体现人民意志、保障人民权益、激发人民创造，在发展全过程人民民主方面取得了重大成绩。所以，我们说自我革命是跳出历史周期率的"第二个答案"，强调打铁必须自身硬，党是中国特色社会主义事业的领导核心，但党要领导得好，必须以自我革命的精神全面从严治党。也就是说，跳出历史周期率的第一个答案——民主新路和第二个答案——自我革命，是一个问题的两个方面。100 多年来，外靠发展人民民主、接受人民监督，内靠全面从严治党、推进自我革命，勇于坚持真理、修正错误，勇于刀刃向内、刮骨疗毒，保证了党长盛不衰、不断发展壮大。

党要增强自我净化、自我完善、自我革新、自我提高能力。2019 年，习近平总书记在十九届中央纪委三次全会上对自我革命内涵的这四个方面作了深刻的阐述，强调"四个自我"形成了依靠党自身力量发现问题、纠正偏差、推动创新、实现执政能力提升的良性循环。革命有狭义和广义之分。狭义上的革命是指一个阶级推翻一个阶级的暴动，是暴烈的行动；广义上的革命是指某种事物所发生的根本性变革。毫无疑问，党的自我革命是一种广义上的革命，指的是我们党自己所开展的以解决党内矛盾和问题为目的，从而使党经历革命性锻造、发生根本性变革的活动。因为堡垒最容易从内部攻破，如何保持党的先进性和纯洁性，如何使党内部不变质、不变色、不变味，如何不断防范被瓦解、被分化的危险，就要敢于直面问题、勇于修正错误，继续发扬彻底革命精神，真刀真枪解决自身的问题，在全面从严治党的实践中，把党锻造得更加坚强。

"建设什么样的党、怎样建设党"一直是党的建设的一项历史性课题。以习近平同志为核心的党中央继承和发展马克思主义建党学说，总结运用党的百年奋斗历史经验，深入推进管党治党实践创新、理论创新、制度创新，对建设什么样的长期执政的马克思主义政党、怎样建设长期执政的马克思主义政党的规律性认识达到了新的高度。这就是坚持党中央集中统一领导，坚持党要管党、全面从严治党，坚持以党的政治建设为统领，坚持严的主基调不动摇，坚持发扬钉钉子精神加强作风建设，坚持以零容忍态度惩治腐败，坚持纠正一切损害群众利益的腐败和不正之风，坚持抓住"关键少数"以上率下，坚持完善党和国家监督制度，形成全面覆盖、常态长效的监督合力。但全面从严治党永远在路上，在当前党风廉政建设和反腐败斗争的新形势下，防范形形色色的利益集团成伙作势、"围猎"腐蚀还任重道远，有效应对腐败手段隐形变异、翻新升级还任重道远，彻底铲除腐败滋生土壤、实现海晏河清还任重道远，清理系统性腐败、化解风险隐患还任重道远。在新时代，面对当今世界百年未有之大变局，面对国内改革发展稳定各项繁重任务，面对党内各种亟待解决的问题及要实现的目标，我们要认真学习好习近平总书记的重要讲话精神，把自我革命推向深入。

第二章
"我们要做天下的主人"

　　1871 年 5 月 28 日，法国凡尔赛反动军队攻陷了世界上第一个无产阶级政权——巴黎公社的最后一个堡垒——贝尔·拉雪兹神甫公墓，革命失败。反动政府对全城革命者实施了大屠杀，无数革命志士倒在血泊中。面对着这一片白色恐怖，5 月 30 日，法国工人诗人、巴黎公社的领导者之一欧仁·鲍狄埃怀着满腔热血，奋笔疾书，写下了震撼寰宇的宏伟诗篇——《国际工人联盟》。之后，刊登在 1887 年出版的鲍狄埃的诗集《革命歌集》中。1888 年，在欧仁·鲍狄埃逝世后的第二年，法国工人作曲家比尔·狄盖特以满腔的激情为这首诗歌谱写了曲子。从此，《国际歌》便成了世界无产者最喜爱的歌，"奴隶们起来，起来！不要说我们一无所有，我们要做天下的主人！"从法国越过千山万水，传遍全球。无疑，这是一首名扬全球的无产阶级战歌，它一直伴随着全世界无产阶级向反动黑暗势力进行不屈不挠的斗争，直到取得最后胜利。歌词反映了无产阶级和无产阶级政党的革命目标，同时也显现出无产阶级政党的鲜明性质。而党的性质是党的本质特征的集中体现，是一个政党区别于其他政党的本质属性。《中国共产党章程》规定："中国共产党是中国工人阶级的先锋队，同时是中国人民和中华民族的先锋队，是中国特色社会主义事业的领导核心，代表中国先进生产力的发展要求，代表中国先进文化的前进方向，代表中国最广大人民的根本利益。党的最高理想和最终目标是实现共产主义。"我们在理解和把握党的性质的时候，一定要从"两个先锋队""一个领导核心""三个代表"的角度，力求全面系统。

一、"拼作阶下囚，工农齐解放"

刘伯坚（1895—1935），中国共产党的早期优秀党员，中国工农红军早期优秀将领，无产阶级革命家，我党我军政治工作第一人。在 1934 年 10 月，红军主力离开江西长征，刘伯坚被留下任赣南军区政治部主任，他积极组织留守部队，在于都河多处架桥，为主力部队做好后勤保障工作，护送中央红军主力渡河长征。新中国成立后，叶剑英曾赋诗怀念当年刘伯坚于都河惜别之情："红军抗日事长征，夜渡于都溅溅鸣。梁上伯坚来击筑，荆卿豪气渐离情。"之后，20 万国民党军队将留下的 3 万红军（半数系不能远征的伤病员）压缩到赣南一隅，红军只得分路突围。1935 年 3 月初，刘伯坚在战斗中左腿中弹，不幸被捕。3 月 21 日，刘伯坚在江西省大余县金莲山上被敌人杀害，壮烈牺牲，时年 40 岁。在牺牲前，广东军阀为了"炫耀"所谓胜利，故意押着负伤戴镣的刘伯坚，在大余县最繁华的青菜街（如今改称建国路）走过示众。刘伯坚气宇轩昂，使路旁的人们敬佩不已。回到牢中，他写下了诗歌《带镣行》和长诗《移狱》，并写了几封充满感情的家书。临刑前一刻，他还给妻子王叔振留下一信，里面说："望你无论如何要为中国革命努力，不要脱离革命战线，并要用尽一切力量教养虎、豹、熊三幼儿成人，继续我的光荣的革命事业。"[①]尤其令人敬仰的是他负伤戴镣，在走向刑场的路上高声朗诵《带镣行》："带镣长街行，蹒跚复蹒跚，市人争瞩目，我心无愧怍。带镣长街行，镣声何铿锵，市人皆惊讶，我心自安详。带镣长街行，志气愈轩昂，拼作阶下囚，工农齐解放。"

---

① 刘秉荣：《中国工农红军全传（八）》，人民出版社 2007 年版，第 5228 页。

"工农齐解放"是刘伯坚最希望看到的场景，也是中国共产党人的目标，更体现了中国共产党的性质。也正如毛泽东在带领根据地军民取得第一次反"围剿"之后写到"唤起工农千百万，同心干，不周山下红旗乱"。其实，中国共产党不止要"工农齐解放"，也不止"唤起工农千百万"，她是适应中国革命的需要，自觉地建立在中国工人阶级基础之上的，是马克思列宁主义同中国工人运动相结合的产物。中国共产党自1921年成立以来，就一直领导中国工人阶级和最广大人民群众为实现自己的历史使命和自身的解放而奋斗。

（一）中国共产党是中国工人阶级的先锋队

中国共产党是中国工人阶级的先锋队，是从党的阶级性和先进性两个方面对党的性质进行的确定。党的阶级性，是指中国共产党以工人阶级为基础，代表工人阶级和最广大人民群众的利益。党的先进性，是指党必须由工人阶级和其他社会阶层中具有共产主义觉悟的先进分子组成，要以马克思列宁主义、毛泽东思想、邓小平理论、"三个代表"重要思想、科学发展观、习近平新时代中国特色社会主义思想为指导，按照民主集中制原则组织起来。

中国共产党是自觉地建立在中国工人阶级基础之上的，是马克思列宁主义同中国工人运动相结合的产物。自鸦片战争帝国主义用洋枪洋炮打开中国的大门之后，伴随着外国资本主义的入侵和中国资本主义的发展，中国现代工人阶级也形成和发展起来，并且在反对帝国主义、封建主义和官僚资本主义的斗争中，认识到建立自己的独立政党的必要性，为中国共产党的创立奠定了阶级基础。

共产党为什么要自觉地以工人阶级作为自己的阶级基础呢？这是由工人阶级的特点和历史地位决定的。首先，工人阶级是与社会大生产密切联系的最先进最有前途的阶级。正如马克思、恩格斯在《共产党宣言》

中所分析的那样，现代工人阶级是大工业的产物，随着大工业的发展，工人阶级也将进一步发展和壮大起来。其次，工人阶级是最革命的阶级。在资本主义社会中，工人阶级不占有任何生产资料，只能靠出卖劳动力为生，从而是资本主义社会中最受剥削和压迫的阶级。除了坚决推翻资本主义的统治，消灭一切剥削阶级和消除阶级差别之外，没有任何别的出路。工人阶级的这种地位，决定了它的大公无私的彻底革命品质。最后，工人阶级又是最有组织性、纪律性，富有团结精神的阶级。在现代大机器生产中，他们养成了高度的组织纪律性以及集体主义和团结互助精神。在反对资产阶级的斗争中，这种高度的组织纪律性得到进一步的锻炼和加强，使工人阶级成为社会上最有组织和力量的阶级。

中国工人阶级除了具有上述一般工人阶级的优点之外，还有自己的特殊优点：一是中国工人阶级是在半殖民地半封建的旧中国产生和发展起来的，他们深受帝国主义、封建主义和官僚资本主义的三重压迫，这种压迫的严重性和残酷性，不仅比中国的农民和小生产者更加突出，而且在世界上也是少见的。因此，中国工人阶级具有最彻底、最坚决的革命精神；二是中国工人阶级分布比较集中，大多是在沿海经济比较发达的大城市里，这有利于工人阶级的团结战斗，易于形成强大的政治力量；三是中国工人阶级多数来自农民，它与中国的农村和农民有一种天然的联系，易于和农民结成亲密的联盟，使中国工人阶级和中国革命具有极其广泛的群众基础。中国工人阶级的这些特殊优点，表明中国工人阶级是中国社会中最有远见，最大公无私，最富有彻底革命精神的阶级，是中国革命的领导阶级。建立在中国工人阶级基础上的中国共产党，是工人阶级的一部分，但它不是工人阶级的一般部分，而是工人阶级最先进的部分，是工人阶级先进的觉悟的阶层，集中代表和体现了中国工人阶级的优点，因而是工人阶级的先锋队。

中国共产党成立100多年来，作为中国工人阶级先锋队的作用得到了历史性的发挥和实践性的证实，这最突出地表现为：在中国这样一个经济落后、农民占人口绝大多数的特殊社会环境中，取得了中国新民主主义革命、社会主义革命和建设以及改革开放的伟大成就。

然而，进入新的历史时期，针对改革开放以来阶级结构的变化，一些人却提出了"工人阶级是否还具有先进性"的疑问，企图否定工人阶级的领导地位，这是十分错误和有害的。我国是工人阶级领导的、以工农联盟为基础的人民民主专政的社会主义国家，这一国家性质决定了工人阶级在国家政治生活中领导阶级的地位。今天，我国公有制的主体地位没有变，工人阶级作为国家主人翁的经济基础没有变；我国的基本政治制度没有变，工人阶级及其成员仍然依法享有管理国家和社会的各种权利。同时，随着社会现代化程度的加快，工人阶级的队伍不断壮大；科学技术的发展和劳动方式的改变，也推动中国工人阶级的整体素质不断提高，工人阶级仍然是我国社会中同大机器生产相联系的最先进的阶级，不仅仍然保持着原有的阶级特征和优秀品质，而且工人阶级的先进性还将不断发展。

（二）中国共产党是中国人民和中华民族的先锋队

中国共产党是中国人民和中华民族的先锋队，是从党的人民性和民族性来表明党的先进性以及党雄厚的群众基础，是指党同人民群众的关系、党同中华民族的关系。

中国共产党是建立在"中国"这样一个民族国家范围内的政党，所以，我们党才能与其他共产党相区别，才能真正成为"中国共产党"。既然如此，中国共产党就与全中国人民、与中华民族之间有着密切的联系。这种联系就是中国共产党要成为中国人民和中华民族的先锋队，要站在中国人民和中华民族的前列，带领中国人民创造自己的美好生活，引导中华民族不断创造新的历史辉煌。特别在中国共产党处于长期执政地位条件下，党担负着领导全国人民建设自己的民族国家的历史重任，党的奋斗目标就是全国人民的奋斗目标，就是中华民族的发展趋向。党只有成为中国人民和中华民族的先锋队，才能带领全国人民完成历史任务，实现中华民族伟大复兴。同时，党的执政地位的巩固，基础在于人民群众的支撑，这就是党的执政合法性问题。人民群众对党的支持度越高，执政地位就越巩固。因此，巩固党的执政地位不是党的一厢情愿，不能"剃头挑子一头热"，更重要的是人民群众的支持和拥护。这就决定了中国共产党除了要有坚实的阶级基础外，还必须有广泛的群众基础。因此，党是中国工人阶级先锋队的同时，还必须是中国人民和中华民族的先锋队。

自觉成为中国人民和中华民族的先锋队，是执政党建设的必然要求。政党的阶级基础和群众基础，是政党赖以生存和发展的依托。一个政党能否夺取政权，能否巩固执政地位，关键在于能否得到人民群众的普遍拥护和支持，在于是否有稳固的阶级基础和广泛的群众基础。我们党从中国和世界的历史、现状和未来着眼，准确把握时代特点和党的任务，科学制定并正确执行党的路线方针政策，认真研究和解决推动中国社会进步和加强党的建设的问题。在新的历史条件下，我们党要保持先进性和巩固执政地位，就要不断增强党的阶级基础，扩大党的群众基础。只有自觉成为中国人民和中华民族的先锋队，才能使党充满生机和活力，永葆先锋队本色。所以，党只有自觉成为中国人民和中华民族的先锋队，始终坚持代表全国人民和整个中华民族的利益，才能使工人阶级先锋队的性质得以充分体现，才能充分发挥工人阶级先锋队所应有的领导核心作用。

二、"其作始也简，其将毕也必巨"

1956年2月11日，正是春节。董必武重访了上海兴业路党的一大会址纪念馆。当时，董老已七十高龄，但谈笑风生，对革命文物的复原和保护作了细致的指示。纪念馆的工作人员请董老题词留念。几天后，他派人送来两幅题词。其中一幅就是："作始也简、将毕也钜"。其实毛泽东也曾不止一次说过这样的话，早在1945年6月17日，在中国革命死难烈士追悼大会上，毛泽东发表演说，就引用了这句话，并解释说："'作始'就是开头的时候，'简'就是很少，是简略的，'将毕'就是快结束的时候，'巨'就是巨大、伟大。这可以用来说明是有生命力的东西，有生命力的国家，有生命力的人民群众，有生命力的政党。"[1]

董老在党的一大会址纪念馆借用此言，是为了说明共产党人应该认识到自己事业的长期性和复杂性，有毅力、有信心，善始善终地争取革命的最后胜利。应该说，无产阶级革命家开创的事业，在其开始时也并非简单易成。但革命在深入发展以后，所面临的新问题，毕竟比创业时期更为艰巨和复杂。在艰巨和复杂的问题面前，必须有一个坚强的领导来带领才能克服困难、完成任务。

回想历史，正是在中国共产党的领导下，终于推翻了压在中国人民身上的三座大山，实现了中华民族的独立和人民的解放，把一个贫困交加、四分五裂的旧中国，变成了一个团结统一、前途光明的新中国。当前，我国现代化建设面临的国际环境和国内矛盾都比较复杂，而现代化建设事业是亿万群众的事业。只有集中全国各族人民的智慧和力量，组成浩浩荡荡的建设大军，才能把社会主义现代化事业不断推向前进。而在中国这样一个人口众多、经济文化比较落后且发展不平衡的大国，人民利益的广泛性、多样性，实现人民利益的复杂性、艰巨性，必然要求一个能够集中反映和有效体现人民共同意志的政治核心，才能团结、凝聚和带领人民把建设和改革的事业不断推向前进，这些只有中国共产党可以做到，这就决定了中国共产党是伟大事业的领导核心地位。可以说，

---

[1]《毛泽东文集》第3卷，人民出版社1996年版，第435页。

中国共产党是"中国特色社会主义事业的领导核心",这高度概括了社会主义历史时期党在国家和社会政治生活中的地位、作用和党的历史任务。党的这一领导地位是全国各族人民在长期奋斗实践中作出的正确选择。尤其是党的十八大以来,中国发展进入到由大向强发展的关键时期。实现中华民族伟大复兴的中国梦也面临着前所未有的风险和挑战,各种发展陷阱、疑难杂症、两难命题摆在我们面前。复兴路上,没有坚强有力的领导核心,就会进退失据、贻误战机,甚至出现颠覆性失误。

（一）党的领导地位的确立是由党的性质所决定的

中国共产党是中国工人阶级的先锋队,同时是中国人民和中华民族的先锋队。工人阶级是最具有组织纪律性,同社会大生产相联系的最先进的阶级。共产党是工人阶级政党,是用马克思主义的科学理论武装起来的,有了这样的党,在无产阶级夺取政权、建设社会主义的各个历史阶段上,就能够遵循社会发展的规律,把马克思主义普遍真理同革命的具体实践结合起来,正确制定各个时期的路线、方针和政策,团结和组织工人阶级和广大人民群众为实现工人阶级的历史使命而奋斗。所以,中国共产党是工人阶级的先锋队,同时是中国人民和中华民族的先锋队,党的先进性、人民性和民族性,决定了中国的工人阶级和广大人民群众是能够跟着自己的先锋队一同战斗的,决定了中国共产党在中华民族的历史发展中是站在时代前列的,决定了中国共产党在中国特色社会主义事业中是居于领导核心地位的。

（二）党的领导地位的确立是历史的必然、人民的选择

中国共产党成为中国社会主义事业的领导核心不是偶然的,是在长期的革命斗争中形成的,是中国人民革命斗争的历史选择。自 1840 年鸦片战争以后,中国社会逐步沦为半殖民地半封建社会,中华民族陷入灾

难的深渊之中。为了救亡图存，中国人民进行了无数次的革命斗争，但都失败了。随着中国工人阶级的成长壮大并以独立的政治力量登上中国的政治舞台，以工人阶级为阶级基础建立起了中国共产党。从此以后，中国革命的面貌焕然一新。因为中国共产党把马克思列宁主义与中国革命的具体实践相结合，逐步摸索出一条以农村包围城市、武装夺取政权的道路，经过艰苦卓绝的斗争，领导中国人民取得了新民主主义革命的彻底胜利，建立了人民当家作主的新中国。历史的经验证明，是中国共产党领导中国人民摆脱了帝国主义、封建主义和官僚资本主义的剥削和压迫，使国家走上了独立、自立和民族振兴的道路，没有共产党就没有新中国。

人民选择了党，党也没有辜负人民的期望。新中国成立后，党领导全国各族人民顺利地实现了从新民主主义革命到社会主义革命的转变，迅速地恢复了遭到长期战争破坏的国民经济，巩固了人民政权，完成了对生产资料所有制的社会主义改造，建立了社会主义制度。1956年党的八大以后，党又领导人民转入大规模的社会主义建设，尽管出现过"文化大革命"这样巨大的失误，但党还是和全国人民一道，经受住了挫折和考验，取得了巨大的成就。尤其是党的十一届三中全会以后，在我们党的领导下，各方面都取得了举世瞩目的伟大成就。中国特色社会主义进入了新时代，现在党正带领全国人民为把我国建成社会主义现代化强国而努力奋斗，历史的发展证明了中国人民的选择是完全正确的。

（三）坚持党的领导地位是中国特色社会主义事业成功的根本保证

在中国特色社会主义的伟大实践中，必须坚持党的执政和领导核心地位不动摇。只有坚持党的领导，才能保证改革开放和社会主义现代化建设的顺利进行。把我国建设成为一个社会主义现代化强国，是一项前无古人的伟大事业，只有在党的领导下，才能正确地制定适合中国国情的路线、方针和政策，并依靠党的组织和广大党员干部带领人民群众去贯彻执行；同时，也只有在党的领导下，才能把坚持四项基本原则与改革开放密切结合起来，防止来自"左"的和右的错误倾向的干扰，保证改革开放和现代化建设的顺利发展。

只有坚持党的领导，才能实现经济建设、政治建设、文化建设、社会建设和生态文明建设协调、全面地发展和进步。因此，我们党的奋斗目标曾经经历了由物质文明、精神文明"两位一体"，到物质文明、精神文明、政治文明"三位一体"，再到经济建设、政治建设、文化建设、社会建设"四位一体"，再到经济建设、政治建设、文化建设、社会建设、生态文明建设"五位一体"的不断发展、与时俱进的过程，这里体现了我们党对人类社会发展规律、对社会主义建设规律、对共产党执政规律在思想上认识上的不断深化，在实践领域中的不断拓展。

只有坚持党的领导，才能维护安定团结的政治局面。建设中国特色社会主义，是全国各族人民的共同心愿，它需要一个安定团结的社会政治环境。这只有靠中国共产党的领导才能实现。中国共产党是一个有9600多万名党员，有100多年丰富革命、执政和建设经验的党，是中国社会稳定的决定性力量。在当代中国，只有中国共产党才能在全国形成一个强有力的政治核心，维护全民族的团结和统一，防止分裂主义和危害祖国统一的现象发生。也只有中国共产党才能正确地处理好人民内部的各种矛盾，协调各方面的利益关系，在全国形成一个安定团结的政治局面。同时，全党全国人民要自觉地维护党的领导核心地位，不允许有任何削弱和危害党的领导的倾向出现，尤其是在当代风云变幻、错综复杂的国际环境中，国内的团结和稳定是压倒一切的政治任务，更需要我们加强党的领导，同一切破坏安定团结的现象作斗争。因此，建设中国特色社会主义，我们必须坚持党的领导，巩固党的执政地位。

三、"荔枝红了"

2002 年，一部构思巧妙、富有新意、具有强烈时代感的精品影片迅速走红大江南北，引起强烈反响。影片先后获得第八届中国电影华表奖、第六届中国长春电影节特别奖、第七届广东宣传文化精品奖等九项大奖，这部影片的名字是《荔枝红了》。

这是一部农村故事片，讲述的是田老根和唐荔红所在的贡园村自古以来就是荔枝之乡，唐诗"一骑红尘妃子笑，无人知是荔枝来"的故事就发生在这里。但是这些古老的荔枝树历经磨难，在老支书田老根的舍命保护下才劫后余生。改革开放后，老支书带领群众种荔枝致富，但他思想保守，于是主动让贤给年轻的女党员唐荔红。新官上任，唐荔红抓科技种植，抓修路，抓市场营销和对外招商，虽然遇到了来自家庭、工作及社会的种种压力，但终于让乡亲们走上了致富路，推动了农业的产业化经营，创出了农业品牌，令古老的荔乡发生了翻天覆地的变化。这部影片既没有惊天动地的情节，也没有激烈火爆的场面，而是通过人物在日常生活中的矛盾冲突和感情纠葛，把公与私、新与旧、先进与落后以及社会、人生和家庭这一系列矛盾展现出来。影片通过新老支书这两个人物形象表现了党的根本宗旨——全心全意为人民服务，影片赞扬了以唐荔红为代表的新一代党的农村基层干部，从根本上代表了广大人民的利益，大胆实践、引进先进科学文化，开拓市场，带领群众走共同富裕的道路。

《中国共产党章程》规定："中国共产党是中国工人阶级的先锋队，同时是中国人民和中华民族的先锋队，是中国特色社会主义事业的领导核心，代表中国先进生产力的发展要求，代表中国先进文化的前进方向，代表中国最广大人民的根本利益。党的最高理想和最终目标是实现共产主义。"这是对中国共产党的性质所作出的最为标准、最为科学的界定。不忘初心，方得始终。中国共产党人的初心和使命，就是为中国人民谋幸福，为中华民族谋复兴。这个初心和使命是激励中国共产党人不断前进的根本动力。

不忘初心，就要坚持新发展理念。发展是解决我国一切问题的基础和关键，发展必须是科学发展，必须坚定不移贯彻创新、协调、绿色、开放、共享的发展理念。必须坚持和完善我国社会主义基本经济制度和分配制度，毫不动摇巩固和发展公有制经济，毫不动摇鼓励、支持、引导非公有制经济发展，使市场在资源配置中起决定性作用，更好发挥政府作用，推动新型工业化、信息化、城镇化、农业现代化同步发展，主动参与和推动经济全球化进程，发展更高层次的开放型经济，不断壮大我国经济实力和综合国力。

不忘初心，就要坚持全面深化改革。只有社会主义才能救中国，只有改革开放才能发展中国、发展社会主义、发展马克思主义。必须坚持和完善中国特色社会主义制度，不断推进国家治理体系和治理能力现代化，坚决破除一切不合时宜的思想观念和体制机制弊端，突破利益固化的藩篱，吸收人类文明有益成果，构建系统完备、科学规范、运行有效的制度体系，充分发挥我国社会主义制度的优越性。

不忘初心，就要坚持人与自然和谐共生。建设生态文明是中华民族永续发展的千年大计。必须树立和践行绿水青山就是金山银山的理念，坚持节约资源和保护环境的基本国策，像对待生命一样对待生态环境，统筹山水林田湖草系统治理，实行最严格的生态环境保护制度，形成绿色发展方式和生活方式，坚定走生产发展、生活富裕、生态良好的文明发展道路，建设美丽中国，为人民创造良好的生产生活环境，为全球生态安全作出贡献。

不忘初心，就要坚持马克思主义，牢固树立共产主义远大理想和中国特色社会主义共同理想，培育和践行社会主义核心价值观，不断增强意识形态领域主导权和话语权，推动中华优秀传统文化创造性转化、创新性发展，继承革命文化，发展社会主义先进文化，不忘本来、吸收外来、面向未来，更好构筑中国精神、中国价值、中国力量，为人民提供精神指引。

不忘初心，就要坚持以人民为中心。人民是历史的创造者，是决定党和国家前途命运的根本力量。必须坚持人民主体地位，坚持立党为公、执政为民，践行全心全意为人民服务的根本宗旨，把党的群众路线贯彻到治国理政全部活动之中，把人民对美好生活的向往作为奋斗目标，依靠人民创造历史伟业。

不忘初心，就要坚持人民当家作主。坚持党的领导、人民当家作主、依法治国有机统一是社会主义政治发展的必然要求。必须坚持中国特色社会主义政治发展道路，坚持和完善人民代表大会制度、中国共产党领导的多党合作和政治协商制度、民族区域自治制度、基层群众自治制度，巩固和发展最广泛的爱国统一战线，发展社会主义协商民主，健全民主制度，丰富民主形式，拓宽民主渠道，保证人民当家作主落实到国家政治生活和社会生活之中。

不忘初心，就要坚持在发展中保障和改善民生。增进民生福祉是发展的根本目的。必须多谋民生之利、多解民生之忧，在发展中补齐民生短板、促进社会公平正义，在幼有所育、学有所教、劳有所得、病有所医、老有所养、住有所居、弱有所扶上不断取得新进展，深入开展脱贫攻坚，保证全体人民在共建共享发展中有更多获得感，不断促进人的全面发展、全体人民共同富裕。建设平安中国，加强和创新社会治理，维护社会和谐稳定，确保国家长治久安、人民安居乐业。

2021年7月1日，习近平总书记在庆祝中国共产党成立100周年大会上的讲话中指出："江山就是人民、人民就是江山，打江山、守江山，守的是人民的心。中国共产党根基在人民、血脉在人民、力量在人民。中国共产党始终代表最广大人民根本利益，与人民休戚与共、生死相依，没有任何自己特殊的利益，从来不代表任何利益集团、任何权势团体、任何特权阶层的利益。任何想把中国共产党同中国人民分割开来、对立起来的企图，都是绝不会得逞的！9500多万中国共产党人不答应！14亿多中国人民也不答应！"[1]新的征程上，我们必须紧紧依靠人民创造历史，坚持全心全意为人民服务的根本宗旨，站稳人民立场，贯彻党的群众路线，尊重人民首创精神，践行以人民为中心的发展思想，发展全过程人民民主，维护社会公平正义，着力解决发展不平衡不充分问题和人民群众急难愁盼问题，推动人的全面发展、全体人民共同富裕取得更为明显的实质性进展！

---

①习近平：《在庆祝中国共产党成立100周年大会上的讲话》，《人民日报》2021年7月2日。

第三章
"真理的味道非常甜"

2012 年 11 月 29 日，习近平总书记在参观《复兴之路》展览时讲述了一个故事：一天，一个小伙子在家里奋笔疾书，妈妈在外面喊着说："你吃粽子要加红糖水，吃了吗？"他说："吃了吃了，甜极了。"老太太进门一看，这个小伙子埋头写书，嘴上全是黑墨水，原来他把墨水给喝了。但是他浑然不觉，还说"可甜了可甜了"。这人是谁呢？就是陈望道，他当时在浙江义乌的家里翻译《共产党宣言》。由此就说了一句话：真理的味道非常甜。习近平总书记指出："《共产党宣言》揭示的人类社会最终走向共产主义的必然趋势，奠定了共产党人坚定理想信念、坚守精神家园的理论基础。"①《中国共产党章程》规定："党的最高理想和最终目标是实现共

①《深刻感悟和把握马克思主义真理力量　谱写新时代中国特色社会主义新篇章》，《人民日报》2018 年 4 月 25 日。

产主义。"不惜牺牲个人的一切为实现共产主义奋斗终身，是中国共产党党员必须具备的基本条件之一。共产党员有了这样的最高理想和最终奋斗目标，就有了立身之本，站得就高了，眼界就宽了，心胸就开阔了，就能自觉为党和人民的事业而奋斗。

一、"砍头不要紧，只要主义真"

1935 年 2 月，中央苏区陷落前夕，瞿秋白在向闽西突围的途中被俘——被通缉 11 年之久的瞿秋白终于"落网"，国民党的高官喜不自胜。囚禁瞿秋白的国民党师长宋希濂前来劝降。面对这位自己昔日在上海大学教书时的学生，瞿秋白把谈话变成了一次关于共产主义在中国是否行得通的辩论。直到行刑前夕，国民党还在继续派员劝降。他们开出了非常诱人的条件：不必发表反共声明，不必发表自首书，甚至不必从事反共工作——只要答应到南京政府下属机构去担任翻译即可。然而，对瞿秋白来说，信仰，远比自己的生命更值得珍视。他的回答是："人爱自己的历史，甚于鸟爱它的翅膀，请勿撕破我的历史！"[1]1935 年 6 月 18 日上午 8 时，福建长汀罗汉岭下白露苍茫。36 岁的瞿秋白走到一处绿草坪盘腿坐下，向刽子手微笑说："此地甚好。"临刑时，他昂首高唱着自己翻译的《国际歌》，他用歌声向敌人宣布："英特纳雄耐尔，一定要实现！"而后，英勇就义。

1928 年 3 月 20 日清晨，年仅 28 岁的早期革命活动家夏明翰被敌人押送到刑场。行刑前，当敌执行官问夏明翰还有什么话要说时，他大声说："有，给我拿纸笔来！"于是，夏明翰写下了"砍头不要紧，只要主义真。杀了夏明翰，还有后来人！"这就是这首大义凛然、气壮山河的《就义诗》的"创作"过程。这首《就义诗》，不仅表现出了夏明翰为主义而坚持、为理想而献身的坚强意志和视死如归的革命精神，而且这首诗如战鼓、如军旗，激励着千千万万共产党人和革命群众为革命理想而

---

① 杨之华：《回忆秋白》，人民出版社 1984 年版，第 164 页。

前仆后继，一往无前，感染了一代又一代中国人。

瞿秋白、夏明翰是千万个为理想而奋斗、而牺牲的优秀共产党员的代表。为共产主义的理想奋斗是他们的共同目标，是初心。如同他们一样，千千万万的中国共产党人，为了信仰，放弃了自己的家庭，牺牲了自己的生命，留下了一段段令人们震惊和敬仰的生命绝唱。

关于共产党的理想和目标，马克思、恩格斯在《共产党宣言》中指出："共产党人的最近目的是和其他一切无产阶级政党的最近目的一样的：使无产阶级形成为阶级，推翻资产阶级的统治，由无产阶级夺取政权。"[①]不但如此，共产党人还有更远大的目标，这个目标是实现共产主义，共产主义作为一种崭新的社会形式，是我们已知的人类社会发展的必然，是人类历史上最美好、最进步、最合理的社会形式。

共产主义不仅是一种理想的社会制度，还是一种运动。实际上，共产主义的实践活动时刻在我们身边。共产主义运动的历史，实现共产主义的过程，每一阶段都有自己的特定任务。在为实现共产主义而奋斗的过程中，共产党人都要依据自己所处的时代特色和要求，明确每一个历史阶段的奋斗目标，并使之形成为全党的坚定的共同信念。在中国，我们用了几十年的时间进行革命斗争，推翻了反动统治，建立了社会主义制度。现在，我国进入了新时代，党正领导全国人民建设中国特色社会主义伟大事业。在当前，就是要在共产主义最高理想的指引下，为建设中国特色社会主义而工作，就是为共产主义大厦添砖加瓦，就是为共产主义的远大理想而奋斗。

崇高的理想信念，始终是共产党人保持先进性的精神动力，又是共产党人先进性的具体体现。在革命战争年代，无数共产党人为了革命的成功，南征北战，流血牺牲，靠的正是坚定正确的政治信仰。和平建设

[①]《马克思恩格斯选集》第1卷，人民出版社2012年版，第413页。

时期，无数共产党人为了社会主义事业，艰苦奋斗，无私奉献，靠的还是坚定正确的政治信仰。改革开放以来，无数共产党人为了国家富强和民族振兴，顽强拼搏，勇往直前，靠的仍然是坚定正确的政治信仰。正如习近平总书记所说：一个国家、一个民族、一个政党，任何时候任何情况下都必须树立和坚持明确的理想信念。如果没有或丧失理想信念，就会迷失奋斗目标和前进方向，就会像一盘散沙而形不成凝聚力，就会失去精神支柱而自我瓦解。

理想信念动摇是最危险的动摇，理想信念滑坡是最危险的滑坡。习近平总书记多次强调："理想信念坚定，骨头就硬，没有理想信念，或理想信念不坚定，精神上就会'缺钙'，就会得'软骨病'。"[1]中国共产党的理想信念之所以重要，在于它是共产党人的灵魂和特质，是共产党人的精气神。中国共产党人的理想信念，是马克思主义的世界观、人生观、价值观在奋斗目标上的具体体现，是共产党人崇高政治信仰的体现。这种理想信念，体现了崇高性与现实性、科学性与阶级性的有机统一；关系着党组织的凝聚力、战斗力，关系着党的执政能力。正是有了这种理想信念，共产党人的行动才有了精神动力和思想支撑。然而，在改革发展的新背景、新形势、新目标、新任务下，有些党员和党的领导干部在市场经济大潮中晕晕乎乎、头脑发热，不能正确认识价值问题，不能正确对待个人利益，导致精神支柱坍塌、人生方向迷失，有的甚至守不住党纪国法的底线，最终走向腐败堕落。

面对理想信念问题，习近平总书记反复强调"理想信念是共产党人的精神之'钙'，必须加强思想政治建设，解决好世界观、人生观、价值

---

①《习近平谈治国理政》，外文出版社 2014 年版，第 414 页。

观这个'总开关'问题"①。所以，共产党员特别是党员领导干部要做共产主义远大理想和中国特色社会主义共同理想的坚定信仰者和忠实践行者。让补"钙"成为常态，要讲党性、重品行、作表率，还要把党的最高理想和最终目标与自己所做的工作紧密结合，在实践中不断为实现共产主义远大理想而奋斗。

那么，共产党为什么要把共产主义作为最高理想和最终目标呢？因为，共产党员有了这样的最高理想和最终奋斗目标，就有了立身之本，站得就高了，眼界就宽了，心胸就开阔了，就能自觉为党和人民的事业而奋斗。

共产主义是理论、实践和社会制度的有机统一。共产主义作为科学的理论体系，是由马克思和恩格斯创立的、由共产党人所信仰的科学思想体系，即马克思主义理论。马克思主义的诞生是以 1848 年《共产党宣言》的问世为标志的。一个半多世纪以来，它随着时代的发展而发展，保持着永不衰竭的强大生命力。共产主义的科学理论体系始终是世界无产阶级获得解放、建设新生活的强大理论武器，始终是中国共产党的指导思想。这是因为，共产主义理论不是代表少数人利益的、封闭的、僵化不变的教条主义学说，而是一个代表工人阶级和广大人民群众根本利益的、开放的、不断发展的理论体系。

共产主义作为共产党人所从事的伟大实践活动，是无产阶级解放自己并同时解放全人类的伟大革命运动。共产主义运动以共产主义理论为指导，以马克思主义政党为政治领袖，以工人阶级和广大劳动人民为主要革命力量，以砸碎旧的国家机器、推翻资产阶级的统治、推翻资本主

---

① 中共中央文献研究室、中央党的群众路线教育实践活动领导小组办公室编：《习近平关于党的群众路线教育实践活动论述摘编》，党建读物出版社、中央文献出版社 2014 年版，第 40 页。

义制度、最终实现共产主义为目的。共产主义运动在世界的发展已有近两个世纪的历史，在中国的发展也有100多年的历史。中国共产党领导的中国共产主义运动，就是党所领导的新民主主义革命、社会主义革命和建设，以及改革开放。现阶段，中国共产党领导的建设中国特色社会主义的伟大事业，就是整个共产主义运动的一个重要组成部分。

共产主义作为共产党人终身为之奋斗的社会制度，是全人类所向往的、最高级的社会发展形态。在人类社会发展的历史中，相继存在五种社会形态，即原始社会、奴隶社会、封建社会、资本主义社会和共产主义社会。其中共产主义社会是最美好、最进步、最合理的社会。人类社会的更替，遵循着不以人的意志为转移的客观规律。共产主义社会的实现，以消灭资本主义制度为前提，以社会主义的高度发达和充分发展为基础。因此，社会主义是共产主义的必经阶段，共产主义是社会主义的必然趋势。

共产主义科学内涵的上述三个方面，是一个相互联系、相互依存的有机整体，构成完整的、科学的共产主义概念。其中，共产主义思想体系是共产党人从事共产主义伟大运动、实现共产主义社会制度的理论基础和精神动力；共产主义的伟大实践是共产党人实践共产主义思想体系、实现共产主义社会制度的必然道路；共产主义社会制度则是共产主义思想体系指导下的共产主义运动的必然归宿。因此，广大共产党员要正确理解共产主义的科学内涵，树立坚定的共产主义理想，自觉地为实现共产主义奋斗终身。

100多年来，中国共产党正是在这一共产主义理想的基础上，凝聚了党心、民心，建立了社会主义制度，为中华民族伟大复兴开辟了广阔前景。在今天建设中国特色社会主义事业进程中，我们仍然要心怀共产主义的远大目标，脚踏实地去完成现阶段的历史任务，这样才能把伟大事业不断推向胜利。

二、"明媚的花园，将代替了凄凉的荒地！"

为有牺牲多壮志，敢教日月换新天。在中国共产党人眼中，信仰，值得用全部生命去追求。树立坚定的共产主义理想，就要为这个理想而奋斗，从建党始，成千上万的英雄儿女为了这个理想而奋斗，一代代共产党人为这个理想前仆后继。

"到那时，到处都是活跃跃的创造，到处都是日新月异的进步，欢歌将代替了悲叹，笑脸将代替了哭脸，富裕将代替了贫穷，康健将代替了疾苦……明媚的花园，将代替了凄凉的荒地！"①这篇《可爱的中国》，预言般地描绘了今天中国的现实。它的作者方志敏却为了这一梦想而献出了生命。其实，为了民族独立，60多万名中国共产党领导下的优秀儿女在抗击外敌入侵中献出了生命；为了人民解放，26万子弟兵牺牲在解放战争中；为了新生的共和国，在1949年后，又有30多万名官兵牺牲在保卫祖国、建设祖国的各个战场上。他们中，有无数共产党员的身影。仅为了创建新中国，中国共产党就付出了370万优秀党员的生命——人类历史上，有哪一个政党为了自己的国家付出过如此巨大的牺牲！从八路军副总参谋长左权到普通战士董存瑞，这370万党员没有看到五星红旗升起的那一天，但他们的生命早凝成了党旗、国旗上那永不褪色的红，他们为了实现共产主义这个初心而不断追逐，在前进的路上始终坚持。

中国共产党自成立起就将实现共产主义作为自己的最高理想和最终目标，对每一位中国共产党人来说，实现共产主义的最高理想和最终目标在任何时候都不能动摇、淡化和放弃，但实现共产主义是一个漫长的

---

① 《方志敏全集》，人民出版社2012年版，第138页。

历史过程，是一个阶段一个阶段地由低级到高级向前发展的，需要几代、十几代甚至几十代共产党人矢志不移的奋斗。一个共产党员是否认为共产主义是一定能够实现的，不仅直接关系其能否做到理想坚定，而且关系其在现实工作和生活中有没有正确的人生追求，有没有坚强的精神支柱，能否为实现共产主义而努力奋斗，能否成为合格的共产党员。但同时也要看到实现共产主义的长期性和曲折性，要在奋进的路上始终坚持梦想。

共产党员要坚信共产主义一定能够实现，这是因为实现共产主义的最高理想和最终目标建立在科学的理论基础之上。马克思主义是中国共产党的理论基础和行动指南。从马克思、恩格斯建立世界上第一个工人阶级政党时起，就已经把党的最高理想确定为实现共产主义。也正是因为如此，共产党才把自己称为共产党而不是其他什么党，马克思、恩格斯才把自己的理论称为共产主义理论。中国共产党正是在马克思主义指导下、按照马克思主义的理论和风格建立起来的工人阶级政党，因此实现共产主义就自然成了中国共产党的最高理想和最终目标。中国共产党实现共产主义的最高理想和最终目标，不是虚无缥缈的主观想象，而是建立在科学的理论基础、坚实的历史基础和雄厚的群众基础之上的。我们完全有理由相信，在马克思主义科学理论的指导下，经过共产党领导广大人民群众坚持不懈的努力和实践，共产主义一定能够实现。

马克思、恩格斯认为，按照共产主义社会的成熟程度来说，可分为低级阶段和高级阶段。我们通常所说的社会主义是共产主义的低级阶段，我们通常所说的共产主义是共产主义的高级阶段。因此，共产主义只有在社会主义社会充分发展和高度发达的基础上才能实现。然而，由社会主义最终战胜资本主义过渡到共产主义将是一个非常漫长的历史过程。把社会主义看得太快了、把共产主义看得太近了，都是错误的。在人类社会的发展史上，每一种旧的社会制度被新的社会制度所取代，哪怕是用一种新的剥削制度取代旧的剥削制度，都要经过曲折、长期的斗争；每一种新生的社会制度的确立，都要经过曲折、长期的产生、发展和成熟的过程。共产主义彻底战胜资本主义的过程也将如此。从现实的世界来看，有些国家包括我们中国已经建立了社会主义制度，进入了马克思、恩格斯所说的共产主义低级阶段，然而从共产主义的低级阶段——社会主义向高级阶段过渡，也需要一个长期的过程。

当然，我们在这里强调实现共产主义的长期性和曲折性，并不是说实现共产主义真像有些人所讲的那样：共产主义是可望不可即的，共产主义是虚无缥缈的、遥遥无期的，共产主义只是一种美好的理想甚至是空想、幻想而已。我们强调实现共产主义的长期性和曲折性，目的在于使广大共产党员以及要求加入中国共产党的入党积极分子认清形势，做好终身为实现共产主义而奋斗的思想准备，克服在实现共产主义过程中一切不符合实际的过快、过近的想法，防止和避免动摇或放弃共产主义理想信念的思想和行为。

三、跨过"卡夫丁峡谷"

公元前 340 年到前 338 年，罗马人与拉丁同盟之间进行了著名的拉丁战争，战争时期，罗马与萨莫奈（萨姆尼特）保持着同盟。公元前 328 年，罗马在利里斯河东岸特里路斯河汇入处的弗里格拉城建立了殖民地，以之作为周围地区的战略据点。这激起了萨莫奈人的愤怒，因为萨莫奈人认为，他们是这一地区理所当然的所有者。公元前 327 年，萨莫奈进攻那不勒斯。该城贵族党向罗马求援。公元前 327 年底或前 326 年初，那不勒斯贵族派在内战中战胜了对手，成功地赶走了萨莫奈人。公元前 325 年，罗马军出兵亚平宁山东侧，一路征服了韦思提尼（Vestini）、马尔西和帕里格尼（Paeligni），罗马的势力终于到达了亚得里亚海岸，兵锋直指阿普利亚（Apulia）。面对连胜的罗马军，萨莫奈人很快就意识到在平地上与罗马人斗阵法是毫无胜算的。于是萨莫奈人改变战术，采用了山地民族所精通的山地游击战。

公元前321年，罗马军全军进入了一个中间大，出口和入口都十分狭窄，四周都是高不可攀的峭壁的卡夫丁峡谷，前军发现谷口已被砍倒的大树所封死。大惊失色的罗马军立刻想倒退出谷，却发现入口也被树木封死，而萨莫奈军则在树木路障之上，居高临下，乱箭齐发，试图突围的罗马军根本无法靠近。当罗马军吃完军粮时，执政官终于明白了坚守下去只是死路一条，为了挽救约两万罗马士兵的生命，决定向萨莫奈军投降。执政官以个人名义签署了屈辱的和约，和约规定：罗马人立即撤出萨莫奈地区，以600名骑士作人质，保证不再发动战争。罗马军作战有胜有败，但全军投降这还是第一次。投降仪式对罗马军队是一种极大的耻辱，萨莫奈人命令他们放下所有武器装备，脱下头盔铠甲，甚至连外衣也被尽数除去。像奴隶一样身着单衣的罗马士兵又被迫从峡谷中用长矛架起的形似城门的"牛轭"下通过，借以羞辱战败军队。后来，人们就以"卡夫丁峡谷"来比喻灾难性的历史经历。因此"卡夫丁峡谷"成为了"耻辱之谷"的代名词，并可以引申为人们在谋求发展时所遇到的极大困难和挑战。

中国特色社会主义道路是马克思、恩格斯关于经济文化落后国家可以"不通过资本主义制度的卡夫丁峡谷"直接过渡到以社会主义为核心的东方社会发展理论的成功范例，展示了马克思主义中国化的强大生命力。共产党人实现共产主义的最高理想和最终目标，既不能脱离时代，也不能脱离广大人民群众。脱离时代的理想必然是盲目的、不现实的，脱离群众的理想注定是没有力量源泉的、不能实现的。特别是按照共产党的先进性要求，就是要使共产党在现实实践中走在时代前列，走在群众前列，引领时代潮流，带领广大人民群众推进经济、社会以及人本身的全面发展，共产党有这个自信，更有带领中国人民走向复兴的自信。

因此，共产党把自己的最高理想细化为与时代特征相适应、全国人民能够接受的坚定信念，使之成为全国人民为之奋斗的共同理想。在我国社会主义初级阶段，特别是随着社会主义市场经济的深入发展，我国经济成分、组织形式、就业方式、利益关系和分配方式日益多样化，不可避免会出现社会意识的多样化，这就必须要有一个能够代表广大人民根本利益、为社会各个阶层广泛认可和接受、能有效凝聚各个方面智慧和力量的共同理想。有共同理想，才能有共同步调。这个共同理想，就是在中国共产党的领导下，建设中国特色社会主义，实现中华民族伟大复兴。这个共同理想，把党在社会主义初级阶段的目标、国家的发展、民族的振兴与个人的幸福紧密联系在一起，把各个阶层、各个群体的共同愿望有机结合在一起，把共产党人实现共产主义的最高理想和最终目标与广大人民群众在当前我国社会发展阶段的基本要求具体地融合为一体，经过实践的检验，有着广泛的社会共识，具有令人信服的必然性、广泛性和包容性，具有强大的感召力、亲和力和凝聚力。

从历史发展的长河看，只有消灭了生产资料私有制，建立以公有制为基础的社会，才能解决生产资料私人占有与社会化大生产的矛盾，才能消除穷人与富人、穷国与富国的两极分化。社会主义代表着人类社会发展的前进方向，社会主义社会终将取代资本主义社会。对此，社会主义由一国到多国的历史发展足以证明。从当今世界和中国的实践看，一个国家要实现经济社会发展、实现长治久安，必须找到一条既适合自己国情、又符合时代要求的发展道路。从改革开放的伟大实践中，从历史比较和国际观察中，我们更加深刻地认识到，中国特色社会主义道路是我国进一步实现民族振兴、国家富强和人民幸福的必由之路、成功之路、胜利之路。我们必须从保持党和国家兴旺发达和长治久安的高度，从实现中华民族伟大复兴的高度，进一步增强对中国特色社会主义的道路自信、理论自信、制度自信和文化自信，坚定不移地坚持党的基本理论、基本路线、基本纲领、基本经验，团结带领全国各族人民把中国特色社会主义事业不断推向前进，中国特色社会主义道路越来越宽广。

建设中国特色社会主义是中国共产党的历史选择。只有社会主义才能够救中国，只有中国特色社会主义才能发展中国。中国走社会主义道路，是进入近代以来，几代人流血牺牲、艰辛探索的结果，是中国共产党理性选择的结果。当然，我们所说的社会主义必须是切合中国实际的中国特色社会主义。建设中国特色社会主义，是我们党在长期实践中经过艰辛探索而逐步开辟出来的，是一条实现中国繁荣富强和中国人民幸福安康的正确道路。只有坚持走中国特色社会主义道路，才能发展中国、振兴中国。只有坚持走中国特色社会主义道路，才能实现社会主义现代化，实现中华民族伟大复兴。

总之，党的最高理想与全国人民的共同理想是相互联系、不可分割的。其具体表现为：最高理想是共同理想的必然趋势，共同理想是最高理想的必经阶段。我们既要志存高远，又要立足现实；既要胸怀实现人类美好社会的崇高理想，又要具备脚踏实地的求实精神。必须认识到，我们现在的努力以及将来多少代的持续努力，都是朝着实现共产主义这个最高理想和最终目标前进的。同时也必须认识到，实现共产主义是一个非常漫长而曲折的历史过程，我国现在仍处于并将长期处于社会主义初级阶段。我们必须从这个实际出发确定现阶段的奋斗目标，脚踏实地地推进我们的事业，把最高理想同共同理想结合起来，统一于建设富强民主文明和谐美丽的社会主义现代化强国，统一于实现中华民族伟大复兴的伟大实践之中，扎扎实实地为实现当前的共同理想进而实现最高理想而不懈努力。

第四章
一个在欧洲游荡的幽灵

　　"一个幽灵，共产主义的幽灵，在欧洲游荡！"这是《共产党宣言》的开篇词。这句话说明共产主义运动在 19 世纪中期已经被欧洲政治舞台上的所有势力正式承认为其中的一员；共产主义运动还正在经历从理论到实践的发展过程，所以仅仅是"幽灵"。马克思把共产主义比喻成"幽灵"，其实是说共产主义给人们巨大的力量，引领人们进行革命，改变不公的世界，追求幸福和谐的生活。同时，幽灵又是令人畏惧的，惹人讨厌的，说明马克思知道共产主义必定会受到众多保守势力的打击和压迫。"幽灵"这个称呼反映出欧洲各国统治势力和共产主义运动互为敌对的关系。《共产党宣言》是马克思为世界上第一个工人阶级政党——共产主义者同盟撰写的纲领，也是马克思主义的出生证书。中国共产党之所以把马克思主义作为立党立国的根本指导思想，就是认定马克思主义揭示了人类社会发展的客观规律，是放之四海而皆准的普遍真理。恩格斯在 1895 年 3 月曾指出，马克思的整个世界观不是教义，而是科学的方法。一个半多世纪以来，它随着时代的发展而发展，保持着永不衰竭的强大生命力。

一、两次指导思想的偏差

中国共产党在领导中国各族人民进行新民主主义革命的过程中，曾经经受过两次严重失败的痛苦考验。第一次是大革命时期，1926年，蒋介石窃取了国民党的党、政、军大权之后，实行军事独裁的野心日益暴露，随着北伐的胜利进军，蒋介石更日趋反动。1927年4月12日，以蒋介石为代表的国民党新右派在上海发动反对国民党左派和共产党的武装政变，大肆屠杀共产党员、国民党左派及革命群众。在事变后3天中，上海共产党员和革命群众被杀者300多人，被捕者500多人，失踪者5000多人，优秀共产党员汪寿华、陈延年、赵世炎等牺牲。4月15日，广州的国民党反动派也发动反革命政变。当日捕去共产党员和革命群众2000多人，封闭工会和团体200多个，优秀共产党员萧楚女、熊雄、李启汉等被害。江苏、浙江、安徽、福建、广西等省也以"清党"名义，对共产党员和革命群众进行大屠杀，奉系军阀也在北京捕杀共产党员。

在革命的危急时刻，共产党内部以陈独秀为代表的右倾主义者不仅不作任何事变的准备，反而对汪精卫抱有幻想，甚至命令武汉工人纠察队和农民自卫军把武装交给国民党。7月14日晚，汪精卫秘密召开会议，确定"分共"和大屠杀计划。7月15日，汪精卫正式召开"分共"会议，悍然宣布与共产党决裂，并提出"宁可枉杀千人，不使一人漏网"的反革命口号。政变后，国民党反动派进行了大屠杀，武汉地区大批共产党人和革命群众惨遭杀害。

第二次是土地革命时期，从1933年9月25日至10月间，蒋介石调集约100万兵力，采取"堡垒主义"新战略，对中央革命根据地进行大规模"围剿"。这时，王明"左"倾机会主义在红军中占据了统治地位，拒不接受毛泽东的正确建议，用阵地战代替游击战和运动战，用所谓"正规"战争代替人民战争，使红军完全陷于被动地位。经过一年苦战，终未取得反"围剿"的胜利。最后于 1934 年 10 月仓促命令中央领导机关和红军主力退出根据地。南方各根据地相继丧失，红军被迫长征。

这两次失败的原因是多方面的，但主要原因是对待指导思想上出现了偏差，即教条地运用马克思列宁主义，全党的马克思主义理论准备不足，理论素养不高，实践经验也很缺乏，对于中国的历史状况和社会状况、中国革命的特点、中国革命的规律不了解，对马克思列宁主义的理论和中国革命的实践没有统一的理解，不善于把马克思列宁主义与中国实际全面地、正确地结合起来。

中国共产党的指导思想是一面伟大旗帜，是指导我们党全部活动的理论基础，在这面旗帜下，我们党领导全国人民进行革命、建设、改革和在新时代努力奋斗。中国共产党 100 多年的革命、建设、改革开放和新时代的实践充分表明，什么时候能够牢固坚持党的指导思想，什么时候党就能领导、团结和凝聚全国各民族人民之力，集中力量办大事、办成事、办好事。忽视了马克思主义所指引的方向，我们的发展就有可能误入歧途，就可能会在错综复杂的形势中出现偏差。毫不动摇地坚持马克思主义对中国发展的指导地位，绝不是一般的认识问题，而是政治上的大是大非问题。在坚持马克思主义指导地位这一根本问题上，我们必须坚定不移，任何时候任何情况下都不能有丝毫动摇。

二、"以自己辉煌的光焰普照大地"

元光元年（公元前 134 年），汉武帝将不治儒家"五经"的太常博士一律罢黜，排斥黄老别名百家之言于官学之外，提拔布衣出身的儒生公孙弘为丞相，优礼延揽儒生数百人，还批准为博士官置弟子 50 人，根据成绩高下补郎中文学掌故，吏有通六艺者选拔担任重要职务。这就是历史上有名的"罢黜百家，独尊儒术"。但是之后儒学内部也出现了脱离实际的空疏学风，再之后出现了经学与谶纬神学相结合，更是虚幻离奇。东汉时期，为了应对这种"疾虚妄之言"，王充写了《论衡》一文，他指出："凡论事者，违实不引效验，则虽甘义繁说，众不见信。""凡贵通者，贵其能用之也。即徒诵读，读诗讽术，虽千篇以上，鹦鹉能言之类也。"

王充反对儒者习经死记硬背，主张研习经书要灵活运用，惟其如此，经学才能在创新中获得发展，并在解决实际问题的过程中对社会产生影响。不论谁提出的理论，不论什么样的理论，如果与事实不符，都不会得到民众的信任。同时，正确的理论还必须用来指导实践，产生实际的效果。那些只会背诵圣贤语录，不能解决实际问题的所谓理论家，不过是徒有虚名。

2016年5月17日，习近平总书记在哲学社会科学工作座谈会上指出，坚持以马克思主义为指导，最终要落实到怎么用上来。"凡贵通者，贵其能用之也。"事实上，马克思主义具有与时俱进的理论品质，马克思主义是随着时代、实践、科学发展而不断发展的开放的理论体系，它并没有结束真理，而是开辟了通向真理的道路。恩格斯早就说过："马克思的整个世界观不是教义，而是方法。它提供的不是现成的教条，而是进一步研究的出发点和供这种研究使用的方法。"①把坚持马克思主义和发展马克思主义统一起来，结合新的实践不断作出新的理论创造，这是马克思主义永葆生机活力的奥秘所在。

中国共产党是按照马克思列宁主义的革命理论和革命风格建立起来的党。但是在如何对待马克思列宁主义的问题上，中国共产党经历了艰难探索和曲折发展的道路，从而使党从总体上做到了不是把马克思主义

①《马克思恩格斯选集》第4卷，人民出版社2012年版，第101页。

当成教条，而是当作行动的指南，在实践中坚持把马克思列宁主义的基本原理同中国革命、建设和改革的具体实践相结合，创造性地发展了马克思列宁主义。毛泽东曾经豪迈地说："中国的命运一经操在人民自己的手里，中国就将如太阳升起在东方那样，以自己的辉煌的光焰普照大地，迅速地荡涤反动政府留下来的污泥浊水，治好战争的创伤，建设起一个崭新的强盛的名副其实的人民共和国。"[①]在理论上也是如此，以毛泽东同志为主要代表的中国共产党人，把马克思列宁主义的基本原理同中国革命的具体实践结合起来，创立了毛泽东思想。毛泽东思想是马克思列宁主义在中国的运用和发展，是被实践证明了的关于中国革命和建设的正确的理论原则和经验总结，是中国共产党集体智慧的结晶，毛泽东思想的产生给中国带来了革命的曙光。

党的十一届三中全会以后，以邓小平同志为主要代表的中国共产党人，团结带领全党全国各族人民，深刻总结新中国成立以来正反两方面经验，围绕什么是社会主义、怎样建设社会主义这一根本问题，借鉴世界社会主义历史经验，创立了邓小平理论，解放思想，实事求是，作出把党和国家工作中心转移到经济建设上来、实行改革开放的历史性决策，深刻揭示社会主义本质，确立社会主义初级阶段基本路线，明确提出走自己的路、建设中国特色社会主义，科学回答了建设中国特色社会主义的一系列基本问题，制定了到 21 世纪中叶分三步走、基本实现社会主义现代化的发展战略，成功开创了中国特色社会主义。

党的十三届四中全会以后，以江泽民同志为主要代表的中国共产党人，团结带领全党全国各族人民，坚持党的基本理论、基本路线，加深了对什么是社会主义、怎样建设社会主义和建设什么样的党、怎样建设党的认识，形成了"三个代表"重要思想，在国内外形势十分复杂、世

---

① 《毛泽东选集》第 4 卷，人民出版社 1991 年版，第 1467 页。

界社会主义出现严重曲折的严峻考验面前捍卫了中国特色社会主义，确立了社会主义市场经济体制的改革目标和基本框架，确立了社会主义初级阶段公有制为主体、多种所有制经济共同发展的基本经济制度和按劳分配为主体、多种分配方式并存的分配制度，开创全面改革开放新局面，推进党的建设新的伟大工程，成功把中国特色社会主义推向 21 世纪。

党的十六大以后，以胡锦涛同志为主要代表的中国共产党人，团结带领全党全国各族人民，在全面建设小康社会进程中推进实践创新、理论创新、制度创新，深刻认识和回答了新形势下实现什么样的发展、怎样发展等重大问题，形成了科学发展观，抓住重要战略机遇期，聚精会神搞建设，一心一意谋发展，强调坚持以人为本、全面协调可持续发展，着力保障和改善民生，促进社会公平正义，推进党的执政能力建设和先进性建设，成功地在新形势下坚持和发展了中国特色社会主义。

党的十八大以来，以习近平同志为主要代表的中国共产党人，坚持把马克思主义基本原理同中国具体实际相结合、同中华优秀传统文化相结合，从新的实际出发，创立了习近平新时代中国特色社会主义思想。习近平新时代中国特色社会主义思想是当代中国马克思主义、21 世纪的马克思主义，是中华文化和中国精神的时代精华，实现了马克思主义中国化新的飞跃。

三、"咬定青山不放松"

郑板桥（1693—1766），字克柔，号板桥，江苏兴化人。1736 年（乾隆元年）考中进士，是清代著名的画家、书法家、文学家，素有诗、书、画"三绝"之称，是著名的"扬州八怪"之一。郑板桥尤爱画竹，他画的竹兀傲清劲，别具一格，具有高度的艺术表现力和艺术感染力。他笔下的竹子竹竿很细，竹叶着色不多，却青翠欲滴，更显得高标挺立，特立独行。他曾经写了一首关于竹子的诗《竹石》："咬定青山不放松，立根原在破岩中。千磨万击还坚劲，任尔东西南北风。"意思为竹子抓住青山一点也不放松，它的根牢牢地扎在岩石缝中。经历成千上万次的折磨和打击，它依然那么坚强，不管是酷暑的东南风，还是严冬的西北风，它都能经受得住，还会依然坚韧挺拔。

习近平总书记多次引用郑板桥这首脍炙人口的诗词，2014 年 5 月 4 日，他在北京大学师生座谈会上指出："实现我们的发展目标，实现中国梦，必须增强道路自信、理论自信、制度自信，'千磨万击还坚劲，任尔东西南北风'。"[①]

新时代，面对重重的改革困局和各色的利益诱惑，领导干部能否经受住考验，"千磨万击还坚劲"，就看能不能"咬定青山"，树立根本的信仰，始终坚信马克思主义，用发展的马克思主义指导实践。中国的发展面临复杂的国际国内局势，也需要我们植根历史与现实，坚定对自身发展道路、理论、制度和文化的自信。

① 习近平：《青年要自觉践行社会主义核心价值观——在北京大学师生座谈会上的讲话》，《人民日报》2014 年 5 月 5 日。

第五章
"红色基因就是要传承"

　　历史从哪里开始，精神就从哪里产生。中国共产党在革命、建设、改革和新时代的实践过程中，建构了一个个精神坐标，形成了独特的精神谱系，这成为中国共产党人的精神支柱和宝贵财富。中国共产党的精神谱系，实质上是在阐释中国共产党领导人民取得社会主义革命、建设、改革和新时代的成就，创造更加美好生活的理论创新与思想积淀，也被形象地称为中国共产党的红色基因。

　　100多年来，在应对各种困难挑战中，我们党锤炼了不畏强敌、不惧风险、敢于斗争、勇于胜利的风骨和品质。这是我们党最鲜明的特质和特点。在100多年的非凡奋斗历程中，一代又一代中国共产党人顽强拼搏、不懈奋斗，涌现了一大批视死如归的革命烈士、一大批顽强奋斗的英雄人物、一大批忘我奉献的先进模范，形成了井冈山精神、长征精神、遵义会议精神、延安精神、西柏坡精神、红岩精神、抗美援朝精神、"两弹一星"精神、特区精神、抗洪精神、抗震救灾精神、抗疫精神等伟大精神，构筑起了中国共产党人的精神谱系。我们党之所以历经百年而风华正茂、饱经磨难而生生不息，就是凭着那么一股革命加拼命的强大精神。中国共产党革命精神谱系就是一个同根同源的庞大系统和整体。这些革命精神贯穿中国共产党百年发展历程，党在革命、建设、改革和新时代都形成了独具特色而又一脉相承的伟大精神，这是能够称为谱系的重要原因。那么，中国共产党有没有精神之源呢？答案是肯定的。树高千尺有根，水流万里有源。走过百年征程，铸就百年辉煌，中国共产党的精神之源是什么？在庆祝中国共产党成立100周年大会上，习近平总书记发表重要讲话，首次提出和概括了伟大建党精神，共产党人的精神谱系中的诸多精神，都是伟大建党精神派生出来的，是伟大建党精神的丰富和发展。他指出："一百年前，中国共产党的先驱们创建了中国共产党，形成了坚持真理、坚守理想，践行初心、担当使命，不怕牺牲、英勇斗争，对党忠诚、不负人民的伟大建党精神，这是中国共产党的精神之源。"[①]伟大建党精神思想精辟、内涵丰富，意义重大、意境深远，深刻揭示了中国共产党的特质，是我们全面认识和准确把握中国共产党为什么能的一把金钥匙。

---

① 习近平：《在庆祝中国共产党成立100周年大会上的讲话》，《人民日报》2021年7月2日。

一、"红船劈波行"

在中国共产党的精神谱系中,有的精神既丰富了党史,又是党史有机串联的精神之链;既是党的精神财富,又是中华民族的优秀文化,更是世界的宝贵精神。

(一)红船精神

中国共产党第一次全国代表大会在浙江嘉兴南湖的一条游船上胜利闭幕,这条游船因而获得了一个永载中国革命史册的名字——红船。红船,见证了中国历史上开天辟地的大事变,成为中国革命源头的象征。

一个大党诞生于一条小船。从此,中国共产党引领革命的航船,劈波斩浪,开天辟地,使中国革命的面貌焕然一新。伟大的革命实践产生伟大的革命精神。红船精神正是中国革命精神之源,中国共产党历史上形成的优良传统和革命精神,无不与之有着直接的渊源。红船劈波行,精神聚人心。红船所代表和昭示的是时代高度,是发展方向,是奋进明灯,是铸就在中华儿女心中的永不褪色的精神丰碑。红船精神是我们党创立时期坚持和实践自身先进性的一个历史明证。正如党的先进性不是与生俱来、一劳永逸的,红船精神也是具体的、历史的。中国共产党沿着红船的航向,以开天辟地、敢为人先的首创精神,始终站在历史和时代发展的潮头;中国共产党扬起红船的风帆,以坚定理想、百折不挠的奋斗精神,矢志推动中国革命和建设事业不断前进;中国共产党载着红船的意愿,以立党为公、忠诚为民的奉献精神,努力维护好、实现好、发展好最广大人民的根本利益。

红船精神是激励我们把握发展这一时代主题和党执政兴国第一要务,

大胆探索、创新创业的强大思想武器；是鼓舞我们坚定共产主义理想和中国特色社会主义信念，不畏艰险、艰苦奋斗的强大精神支柱；是鞭策我们牢记立党为公、执政为民本质要求和全心全意为人民服务的根本宗旨，求真务实、一心为民的强大道德力量。鞭策继续发扬红船精神，始终不渝地为最广大人民谋利益，坚持人民利益高于一切的政德，真正干出有利于党和人民事业的政绩。

（二）井冈山精神

1927 年 9 月 9 日，毛泽东以中共中央特派员的身份，率领以工农革命军为骨干的 5000 余人发动了以攻打长沙为目标的秋收起义，但由于敌强我弱，进攻长沙的各路部队都受到了很大损失，5000 余人的起义部队只剩下了 2000 人左右，一种失败的情绪笼罩着整个部队。是继续强攻大城市长沙、以卵击石；还是转向敌人力量薄弱的地区，暂时保存自己，另谋远图，成了当时问题的焦点。毛泽东力排众议，从敌大我小的实际出发，说服部队向敌人力量弱小的偏僻的农村转移。9 月 29 日在永新县三湾村，毛泽东主持召开了前委扩大会议，总结了秋收起义的经验教训，分析了部队的思想情况，增补了前委委员，并针对部队中存在的各种问题，决定对部队进行改编。这就是著名的"三湾改编"。此后，毛泽东率领的部队经过大小战役十余次，于 10 月 27 日，把革命红旗插上了井冈山，开始了创建中国革命第一块根据地的伟大事业，完成了事关革命大局的战略转移，为选择正确的中国革命道路奠定了基础。

在井冈山斗争的艰苦岁月里，在探索中国革命道路的艰辛实践中，我们党和人民军队培育了崇高革命精神和优良革命传统，特别是培育了井冈山精神。井冈山精神最重要的方面就是坚定信念、艰苦奋斗，实事求是、敢闯新路，依靠群众、勇于胜利。1927 年大革命失败后，与强大的敌人相比，革命力量十分弱小。就在不少人处于绝望之时，毛泽东充满信心地对全体指战员说道："打几个败仗没有什么大不了！胜败乃兵家常事。我这里好有一比：国民党反动派就像一口大水缸，我们呢，就像是块小石头。只要我们团结一心，依靠千千万万的工农群众，我们这块小石头就总有一天要打破那口大水缸！"[1]毛泽东坚信：井冈山这个"星星之火"，距"燎原"的时期，毫无疑义地是不远了。毛泽东还以无产阶级革命家的豪情和诗人气质，描绘了中国革命"星火燎原"的前景：它是站在海岸遥望海中已经看得见桅杆尖头了的一只航船，它是立于高山之巅远看东方已见光芒四射喷薄欲出的一轮朝日，它是躁动于母腹中的快要成熟了的一个婴儿。正是毛泽东的这种深邃的目光、远大的理想、坚定的信念，不仅拨开了笼罩在根据地红军和群众中的迷雾，而且指出了中国革命由小块红色根据地这个"星星之火"，必将发展到"取得全国政权"的"燎原"之势，从而极大地坚定了井冈山军民革命到底的理想信念，成为井冈山精神的灵魂。总之，井冈山精神集中体现了我们党和人民军队的性质和宗旨，深刻反映了中国共产党人的崇高思想和高尚情操，对中国革命历史进程产生了广泛而深远的影响，也是我们党团结带领人民夺取革命、建设、改革胜利的强大精神力量。

（三）长征精神

长征，是人类挑战自然、战胜自然的真实记录，是革命与反革命两种势力的激烈较量，是光明与黑暗两种命运的生死搏斗，是中国共产党和中国革命事业从挫折走向胜利的伟大转折，是中华民族历史上的一部英雄史诗。

从 1934 年 10 月至 1936 年 10 月，红军第一、第二、第四方面军和

---

[1] 胡伯项、武宏阳主编：《井冈山精神与中国马克思主义理论创新》，人民出版社 2014 年版，第 83 页。

第二十五军进行了伟大的长征。长征途中，红军所经历的艰难困苦、千难万险是世人所罕见的。来自自然界的一道道关隘，一条条江河，一座座雪山，一片片草地……来自国民党蒋介石的一次次轰炸，一场场炮击，一回回围追，一次次堵截……来自队伍内的"左"倾盲动，右倾逃跑，以及物质方面的温饱不能，医药奇缺……但是，红军都是钢铁汉，红军不怕远征难。在漫漫征途中，红军将士同敌人进行了600余次战役战斗，跨越近百条江河，攀越40余座高山险峰，其中海拔4000米以上的雪山就有20余座，穿越了被称为"死亡陷阱"的茫茫草地，红一方面军在二万五千里的征途上以平均每300米就有一名红军牺牲的代价征服了人类生存极限，上演了世界军事史上威武雄壮的战争活剧，创造了气吞山河的人间奇迹。正如毛泽东的七律《长征》所写："红军不怕远征难，万水千山只等闲。五岭逶迤腾细浪，乌蒙磅礴走泥丸。金沙水拍云崖暖，大渡桥横铁索寒。更喜岷山千里雪，三军过后尽开颜。"因此，伟大长征精神，就是把全国人民和中华民族的根本利益看得高于一切，坚定革命的理想和信念，坚信正义事业必然胜利的精神；就是为了救国救民，不怕任何艰难险阻，不惜付出一切牺牲的精神；就是坚持独立自主、实事求是，一切从实际出发的精神；就是顾全大局、严守纪律、紧密团结的精神；就是紧紧依靠人民群众，同人民群众生死相依、患难与共、艰苦奋斗的精神。历史是不断向前的，要达到理想的彼岸，就要沿着我们确定的道路不断前进。每一代人有每一代人的长征路，每一代人都要走好自己的长征路。今天，我们这一代人的长征，就是要实现"两个一百年"奋斗目标、实现中华民族伟大复兴的中国梦。

（四）延安精神

延安精神是井冈山精神、长征精神的继续、发扬和升华，是特定时代政治、经济和思想文化条件下的产物。延安精神是我们党在延安时期，即从 1935 年 10 月 19 日中央红军抵达陕北吴起镇开始到 1948 年 3 月 23 日中共中央东渡黄河前往华北为止的 13 年时间内所培育起来的革命精神。延安时期是中国革命战争最艰难、最困苦的时期之一。在这个时期，中国共产党及其领导下的抗日民主根据地军民，既承受着日本帝国主义和国民党顽固派猖狂的军事"扫荡"和军事进攻的压力，又承受着物资匮乏、经济严重困难的巨大压力。面对饥饿与死亡的威胁，延安和边区的军民们在以毛泽东为代表的党中央的号召下，一方面在政治上开展整党整风，确立实事求是的思想路线；另一方面在经济上积极开展大生产运动，自力更生、艰苦奋斗。凭着"那么一股劲，那么一股革命热情，那么一种拼命精神"，战胜了困难，赢得了胜利。延安精神是自力更生、艰苦奋斗的创业精神，是实事求是、理论联系实际的开拓创新精神，是为了群众、依靠群众的为民服务精神，是勇于坚持真理、纠正错误的大无畏精神。今天要结合新的时代特点和新的历史任务赋予它新的历史重任发扬延安精神，为实现社会主义现代化和中华民族伟大复兴建功立业。

（五）西柏坡精神

西柏坡时期，中国新民主主义革命即将胜利，由此带来党和国家面临一系列根本性的转变，即国家形势由革命战争转向和平建设，党的工作重心由农村转向城市，中国共产党由革命党转向执政党。因此，西柏坡精神的基本内涵就是：敢于斗争、敢于胜利的彻底革命精神，善于破坏旧世界、善于建设新世界的开拓创新精神，坚持依靠群众，坚持团结统一的民主建国精神，务必保持谦虚谨慎、务必保持艰苦奋斗的创业精神。其中"两个务必"是西柏坡精神的核心。"两个务必"，即毛泽东在党的七届二中全会上的报告中所讲到的"务必使同志们继续地保持谦虚、谨慎、不骄、不躁的作风，务必使同志们继续地保持艰苦奋斗的作风"。当年，毛泽东之所以强调"两个务必"，是基于以下三个基本原因：第一，夺取全国胜利，这只是万里长征走完了第一步。中国的革命是伟大的，但革命以后的路程更长，工作更伟大、更艰苦。我们党要实现由革命党到执政党、由领导革命到领导国家建设的转变，把我国尽快地由落后的农业国建设成为先进的工业国，以实际行动回应国内外敌对势力，就必须谦虚谨慎、艰苦奋斗。第二，"资产阶级怀疑我们的建设能力。帝国主义者估计我们终久会要向他们讨乞才能活下去"①。第三，"因为胜利，党内的骄傲情绪，以功臣自居的情绪，停顿起来不求进步的情绪，贪图享乐不愿再过艰苦生活的情绪，可能生长。因为胜利，人民感谢我们，资产阶级也会出来捧场……可能有这样一些共产党人，他们是不曾被拿枪的敌人征服过的……他们在糖弹面前要打败仗"②。我们党要预防这些"可能"发生的不良情绪和"糖衣炮弹"的袭击，永葆党的先进性，就必须谦虚谨慎、艰苦奋斗，即发扬"两个务必"的精神。

在新时代弘扬西柏坡精神，不仅要勇于正视我国经济社会发展中的各种矛盾和问题，而且要牢固树立勇于克服困难、争取胜利的信心和勇气，更重要的是要在党的建设实践中弘扬"两个务必"的赶考创业精神。从现实一些党员干部违纪违法的事实来看，虽然有一些人是集经济违纪违法、政治违纪违法和生活腐化堕落于一身的，但几乎所有的问题党员干部毫无例外地都涉及经济问题，毫无例外地都是从思想上骄傲自大、觉得谁也管不了自己；生活上丢掉艰苦奋斗的传统、追求奢侈豪华开始的。因此，弘扬"两个务必"，有助于保持党员干部的先进性和纯洁性，有助于我们在取得中国特色社会主义事业巨大成就的基础上再创辉煌。

---

① 《毛泽东选集》第 4 卷，人民出版社 1991 年版，第 1438 页。
② 《毛泽东选集》第 4 卷，人民出版社 1991 年版，第 1438 页。

二、学习雷锋好榜样

中国共产党的精神是由一个个鲜活的人物通过具体的事件，从而表现出来的高尚品德与道德情操，组成了中国共产党精神的人物高尚品德系列。

（一）雷锋精神

雷锋精神的内涵随着时代的发展而延伸和发展，毛泽东说：学习雷锋不是学他哪一两件先进事迹，也不只是学他的某一方面的优点，而是要学习他的好思想、好作风、好品德；学习他长期一贯做好事，而不做坏事；学习他一切从人民的利益出发，全心全意为人民服务的精神。周恩来把雷锋精神概括为：爱憎分明的阶级立场、言行一致的革命精神、公而忘私的共产主义风格、奋不顾身的无产阶级斗志。习近平总书记在论述雷锋精神时也强调：信念的能量、大爱的胸怀、忘我的精神、进取的锐气。雷锋生于中华民族最危难的时刻、抗日战争进入严重困难的时刻即中国共产党发动百团大战期间，他出生于农村，7 岁便成为了孤儿，没有惊天动地的大功业，却以一件又一件平凡的事情感动着当事人、感动着中国、感动着我们。正值社会主义建设的大好时期，党对国民经济进行"调整、巩固、充实、提高"八字方针后，国民经济逐渐复苏，社会各项事业有了明显转变，朝着更好、更健康方向发展的时刻，雷锋却不幸遇难身亡。

全心全意为人民服务既是中国共产党的根本宗旨，也是雷锋精神的核心。1963 年 3 月，当对雷锋先进事迹进行宣传报道后，引起了毛泽东的高度关注，毛泽东亲自为雷锋题词"向雷锋同志学习"。1965 年 7 月20 日，毛泽东间接为雷锋题词：好好学习，努力为人民服务。据《雷锋日记》记载："我学习了《毛泽东选集》一、二、三、四卷以后，感受最深的是，懂得了怎样做人，为谁活着"，"我觉得自己活着，就是为了使别人过得更美好"，其中，"为了使别人过得更美好"就是全心全意为人民服务的生动体现、朴实表达，表达了雷锋同志在毛泽东思想的感染下，深刻地领悟了人生的真谛。又据《雷锋日记》表述："人的生命是有限的，而为人民服务是无限的，我要把有限的生命，投入到无限的为人民服务中去……""当我想起自己所经历的一切太平凡的时候，我就时刻准备着，当党和人民需要我的时候，我愿意献出自己的一切"，凡此种种言论，都可以反映出雷锋的内心思想，那就是全心全意为人民服务。除了内化于心，雷锋还把自己的所思、所想、所感外化于行，比如：周末做义工，雨夜送母子，用自己的休息时间为战友们洗衣、缝被，捐款灾区，出差千里、好事做了一火车等。

（二）焦裕禄精神

焦裕禄精神概括为：亲民爱民、艰苦奋斗、科学求实、迎难而上、无私奉献。焦裕禄出生于1922年8月，在他出生的同月即迎来了中国共产党正式决定以党内形式和国民党合作的时期，一个婴儿就伴随着中国革命形势的发展慢慢成长起来。1962年12月，焦裕禄来到河南省兰考县，先后任第二书记、书记。在兰考期间，焦裕禄发挥实事求是的作风，注重深入实践调查，和广大人民群众同吃同住同劳动，深入群众，细心倾听群众的声音。

焦裕禄在兰考一年多，始终坚持亲自走访、调查了全县149个生产大队中的120多个，关系群众的事情，事无巨细，无不过问，坚持把解决群众的问题放在第一位。为了改变兰考县的面貌，使人民群众生活得更好，焦裕禄在克服"三害"斗争中作出了巨大贡献。当焦裕禄来到兰考县时，兰考县遭遇了严重的灾荒，人民群众吃饭都成问题。并且，兰考县还有水涝、风沙、盐碱这"三只害虫"，为了克服"三害"灾害，焦裕禄在风沙中不停奔波、劳累，走遍了兰考大地。他亲自率领干部和人民群众一起进行了灾害治理的试验工作，比如：小面积翻淤压沙、翻淤压碱、封闭沙丘等措施。1964 年 5 月 14 日，焦裕禄不幸与世长辞，终年 42 岁，在他生命的最后一刻，他恳求同志们："我死后只有一个要求，要求组织上把我运回兰考，埋在沙堆上，活着我没有治好沙丘，死了也要看着你们把沙丘治好。"习近平总书记说："我们这一代人都深受焦裕禄精神的影响，是在焦裕禄事迹教育下成长的。我后来无论是上山下乡、上大学、参军入伍，还是做领导工作，焦裕禄同志的形象一直在我心中。"①

（三）铁人精神

铁人精神内在地包含了"为国分忧、为民族争气"的爱国主义精神；为"早日把中国石油落后的帽子甩到太平洋里去"，"宁可少活 20 年，拼命也要拿下大油田"的忘我拼搏精神；干事业"有条件要上，没有条件创造条件也要上"的艰苦奋斗精神；"要为油田负责一辈子"，"干工作要经得起子孙万代检查"，对工作精益求精，为革命"练一身硬功夫、真本事"的科学求实精神；不计名利，不计报酬，埋头苦干的"老黄牛"精神。在社会主义建设的十年，涌现出了一大批为中国经济建设作出突出贡献的人物，铁人王进喜就是模范代表。当时，中华人民共和国已经过完了 10 周岁生日，国家各项事业通过土地改革、镇压反革命运动、抗美援朝运动、节约增产运动和知识分子改造五大运动，已经获得了初步发展的机会。特别是对农业、手工业、资本主义工商业的改造运动，使新中国的建设事业提上了实施议程。铁人精神就诞生于这样的时代背景之下，全国人民积极乐观、全心全意地投入新中国各项建设事业之中，即

---

① 李斌：《大力学习弘扬焦裕禄精神——习近平总书记在河南兰考调研指导党的群众路线教育实践活动纪实》，《人民日报》2014 年 3 月 19 日。

使没有王进喜，也会出现李进喜、周进喜等为代表的铁人精神。

以干事业"有条件要上，没有条件创造条件也要上"的艰苦奋斗精神为核心的铁人精神是以王进喜为代表的钻井工人刻苦工作、艰苦奋斗的精神。新中国的建设，石油是工业的命脉，而中国的石油却始终处于贫油时代，王进喜就在这个时候来到了东北，打响了松辽石油大会战。他一下火车不问吃、不问住，先问钻井机到了没、井位在哪里、这里的钻井记录是多少等，充分体现了一种艰苦奋斗的精神。钻井机到了，没有吊车和拖拉机，汽车也是稀缺物资，运输、安装钻井机都是一件极其困难的事情。王进喜带领钻井队队员用撬杠撬、滚杠滚、大绳拉等土办法，用"人拉肩扛"的方法把钻井机卸下来，成功地运送到了井场。通过人力，王进喜等又把井架牢牢地竖立在茫茫荒原之上。井架立起来后，没有打井用的水，王进喜硬是带领全队人员采用破冰取水的办法，成功取水 50 多吨。一盆盆地端水，一桶桶地提水，全是钻井工人的人力所为，他们端水、提水，也流下了无数的汗水。当发生井喷时，王进喜不顾右腿的伤势，把拐杖扔掉，第一个跳进泥浆池，用自己渺小的身体来搅拌泥浆，成功治服了井喷。

（四）孔繁森精神

孔繁森精神表现在：顾全大局、无私奉献的坚强党性；热爱人民、服务人民的满腔热忱；艰苦奋斗、廉洁奉公的高尚品德；开拓进取、求真务实的优良作风。

孔繁森响应党的号召，听从党的召唤，按照党所指引的道路前进，自觉投身于改革开放和现代化建设的火热实践。1979 年，孔繁森主动报名到西藏去工作。1993 年，孔繁森进藏工作期满，但他选择继续留在西藏，并担任了阿里地委书记。1994 年 11 月 29 日，他在完成任务返回阿里途中，不幸发生车祸，以身殉职，时年 50 岁。为了党的事业和人民的利益，他顾全大局，艰苦奋斗，无私奉献，体现了共产党员的崭新精神风貌，为社会树起了一面具有鲜明时代特征的光辉旗帜，为新时期如何做一名"四有"新人树立了一个崇高的伟大形象，在人们心目中矗立起一座精神文明建设的历史丰碑。

心里时刻装着群众，坚持全心全意为人民服务的根本宗旨，是孔繁森精神的核心内容。孔繁森把"一个人爱的最高境界是爱别人，一个共产党员爱的最高境界是爱人民"视为自己的人生座右铭；把"组织信任、群众拥护、工作胜任、能为他人解决点实际困难和痛苦"视为"人生最大的幸福"，视百姓如父母，舍小家顾大家，时刻听从党和人民的召唤，服从组织的决定，体现出一个共产党人的博大胸怀。当前，我国已进入建设社会主义现代化阶段，各种新情况、新问题、新矛盾十分突出，领导干部要经常深入群众，深入基层，在实践中锻炼党性，增长才干，磨炼自己的意志品质，增进同人民群众的感情。同时要把学习孔繁森精神同增强党性锻炼，抵制拜金主义、享乐主义、极端个人主义等腐朽思想结合起来，同做好本职工作，全心全意为人民服务结合起来，坚定共产主义理想信念，努力成为孔繁森那样的好党员、好干部。

三、"两弹一星"扬国威

在中国革命、社会主义建设和改革开放中，发生了许多鼓舞人心的事件，留下了永远令人备受鼓舞的精神；也发生过给中国人民带来危害的事件，中国人民在中国共产党的领导下克服了危险，形成了高尚的精神财富。

（一）"两弹一星"精神

"两弹一星"精神主要包括热爱祖国、无私奉献、自力更生、勇攀高峰、大力协同。在 20 世纪五六十年代极不寻常的时期，中国面对严峻的国际形势，为了抵御帝国主义的武力威胁和打破大国的核讹诈、核垄断，尽快增强国防实力、保卫和平，党中央果断决定研制"两弹一星"（原子弹、导弹和人造卫星）。中国老一辈科学家在党中央、国务院、中央军委的直接领导下，在物质、技术基础十分薄弱的条件下，依靠全国的支援，各部门、各地方、各部队大力协同，执行"自力更生，过技术关，质量第一，安全第一"的方针，经过一大批科技人员、指战员、干部和职工的共同努力、艰苦奋斗，攻克了一个又一个技术难关，终于把中国人的"两弹一星"梦想变成了现实。1960 年 11 月 5 日，成功发射了第一枚近程导弹；1964 年 10 月 16 日，成功爆炸了第一颗原子弹；1966 年 10 月 27 日，在本土成功进行了"两弹"结合飞行爆炸试验；1966 年 12 月 28 日，我国氢弹原理突破；1967 年 6 月 17 日，我国第一颗氢弹空爆实验成功；1970 年 4 月 24 日，第一颗人造卫星发射成功。"两弹一星"的研制成功，使中国对核能的研究和利用进入了一个新阶段，显现出了中国综合国力的发展和国际地位的增强，打破了美、苏的核垄断和核讹诈，使我国成为世界上少数拥有核武器和掌握航天技术的国家之一，极大地提升了我国的国际地位，鼓舞了我国人民建设社会主义的信心，增强了民族自豪感。

（二）抗洪精神

1998 年 6 月中旬至 9 月上旬，我国南方特别是长江流域及北方的嫩江松花江流域出现历史上罕见的特大洪灾。截至 8 月 22 日，全国共有 29 个省、自治区、直辖市遭受不同程度的洪涝灾害，江西、湖南、湖北、黑龙江、内蒙古和吉林等省区受灾最严重。受灾人数之多，地域之广，历时之长，世所罕见。在党中央的领导下，全党全军全国人民紧急行动起来，特别是受灾省区的广大干部、群众同前来支援的解放军指战员、武警官兵一起，团结奋战，力挽狂澜，同洪水进行了惊心动魄的殊死搏斗，终于确保了大江大河大湖干堤的安全，确保了重要城市和主要交通干线的安全，确保了人民生命财产的安全。数百万军民众志成城，奋起抗洪，一方有难，八方支援，中华儿女用钢铁般的意志和大无畏的英雄气概形成了伟大的抗洪精神。

抗洪精神是我们在改革开放的条件下，战胜困难、扫除障碍、大步跨向新世纪的时代精神，是社会主义初级阶段的中国人民最可宝贵的精神财富。抗洪精神，不只产生于这一次抗洪抢险斗争，而且根植于我们改造自然和社会的伟大实践中，根植于我们社会主义制度的优越性、我们事业的正义性；根植于我们党、政府和军队全心全意为人民服务的根本宗旨。从这个意义上看，抗洪精神也就成为推动我们整个事业向前发展的精神动力，成为我们的党魂、军魂和国魂的生动体现。抗洪精神把社会主义精神文明建设推向了新阶段，它铸就了精神文明建设的壮丽丰碑，为进一步加强精神文明建设提供了前所未有的良好机遇。抗洪精神展现了中华民族不可战胜的雄姿，成为新时期弘扬民族精神的旗帜。

（三）载人航天精神

2005 年 10 月 17 日，我国自主研制的神舟六号载人飞船顺利返回。喜讯传来，举国欢腾。中共中央、国务院、中央军委对神舟六号载人航天飞行获得圆满成功致电热烈祝贺，全世界中华儿女无不为之感到骄傲和自豪。

神舟六号载人航天飞行圆满成功，标志着我国在发展载人航天技术、进行有人参与的空间试验活动方面取得了又一个具有里程碑意义的重大胜利，是中国人民攀登世界科技高峰的又一伟大壮举，是我国改革开放和现代化建设取得的又一骄人成就，是伟大祖国的荣耀。伟大的事业孕育伟大的精神，伟大的精神推动伟大的事业。载人航天工程是当今世界高新技术发展水平的集中体现，是衡量一个国家综合国力的重要标志。在实施载人航天工程的进程中，中国航天人牢记党和人民的重托，满怀为国争光的雄心壮志，自强不息，顽强拼搏，团结协作，开拓创新，取得了一个又一个辉煌成果，也铸就了特别能吃苦、特别能战斗、特别能攻关、特别能奉献的载人航天精神。这是以爱国主义为核心的伟大民族精神和以改革创新为核心的时代精神的生动体现。

"特别能吃苦、特别能战斗、特别能攻关、特别能奉献"是对载人航天精神的高度概括。载人航天精神，是"两弹一星"精神在新时期的发扬光大，是以爱国主义为核心的民族精神和以改革创新为核心的时代精神的生动体现。在加快推进社会主义现代化的征程上，我们一定要在全社会大力弘扬载人航天精神，增强全民族的自信心和自豪感，凝聚全民族的智慧和力量，紧紧抓住发展机遇，积极应对各种挑战，战胜前进道路上的艰难险阻，不断开创中国特色社会主义事业的新局面。

（四）抗疫精神

2020年，一场骤然袭来的大疫以如此刻骨铭心的方式植入中华民族的记忆深处。新冠肺炎疫情是百年来全球发生的最严重的传染病大流行，是新中国成立以来我国遭遇的传播速度最快、感染范围最广、防控难度最大的重大突发公共卫生事件。在中国共产党的领导下，我们用一个多月的时间初步遏制疫情蔓延势头，用两个月左右的时间将本土每日新增病例控制在个位数以内，用三个月左右的时间取得武汉保卫战、湖北保卫战的决定性成果，进而又接连打了几场局部地区聚集性疫情歼灭战，夺取了全国抗疫斗争重大战略成果。2020年9月8日，习近平总书记在全国抗击新冠肺炎疫情表彰大会上发表了重要讲话，总结了伟大的抗疫精神。

在全国抗击新冠肺炎疫情表彰大会上，习近平总书记用"生命至上、举国同心、舍生忘死、尊重科学、命运与共"这 20 个字生动阐述伟大抗疫精神。

生命至上，集中体现了中国人民深厚的仁爱传统和中国共产党人以人民为中心的价值追求。"爱人利物之谓仁"，疫情无情人有情。人的生命是最宝贵的，生命只有一次，失去不会再来。在保护人民生命安全面前，我们必须不惜一切代价，我们也能够做到不惜一切代价，因为中国共产党的根本宗旨是全心全意为人民服务，我们的国家是人民当家作主的社会主义国家。我们果断关闭离汉离鄂通道，实施史无前例的严格管控。作出这一决策，需要巨大的政治勇气，需要果敢的历史担当。为了保护人民生命安全，我们什么都可以豁得出去！

举国同心，集中体现了中国人民万众一心、同甘共苦的团结伟力。面对生死考验，面对长时间隔离带来的巨大身心压力，广大人民群众生死较量不畏惧、千难万险不退缩，或向险而行，或默默坚守，以各种方式为疫情防控操心出力。

舍生忘死，集中体现了中国人民敢于压倒一切困难而不被任何困难所压倒的顽强意志。危急时刻，又见遍地英雄。各条战线的抗疫勇士临危不惧、视死如归，困难面前豁得出去、关键时刻冲得上去，以生命赴使命，用大爱护众生。面对疫情，中国人民没有被吓倒，而是用明知山有虎、偏向虎山行的壮举，书写下可歌可泣、荡气回肠的壮丽篇章！中华民族能够经历无数灾厄仍不断发展壮大，从来都不是因为有救世主，而是因为在大灾大难面前有千千万万个普通人挺身而出、负重前行！

尊重科学，集中体现了中国人民求真务实、开拓创新的实践品格。面对前所未知的新型传染性疾病，我们秉持科学精神、科学态度，把遵循科学规律贯穿到决策指挥、病患治疗、技术攻关、社会治理各方面全过程。在没有特效药的情况下，实行中西医结合，先后推出八版全国新冠肺炎诊疗方案，筛选出"三药三方"等临床有效的中药西药和治疗办法，被多个国家借鉴和使用。无论是抢建方舱医院，还是多条技术路线研发疫苗；无论是开展大规模核酸检测、大数据追踪溯源和健康码识别，还是分区分级差异化防控、有序推进复工复产，都是对科学精神的尊崇和弘扬，都为战胜疫情提供了强大科技支撑！

命运与共，集中体现了中国人民和衷共济、爱好和平的道义担当。大道不孤，大爱无疆。我们秉承"天下一家"的理念，不仅对中国人民的生命安全和身体健康负责，也对全球公共卫生事业尽责。我们发起了新中国成立以来援助时间最集中、涉及范围最广的紧急人道主义行动，为全球疫情防控注入源源不断的动力，充分展示了讲信义、重情义、扬正义、守道义的大国形象，生动诠释了为世界谋大同、推动构建人类命运共同体的大国担当！

此外，中国共产党还培育了包含解放思想、实事求是、与时俱进、开拓创新，知难而进、一往无前、独立自主、艰苦奋斗，勇于探索、敢闯敢干、锐意改革、务求实效等一系列体现时代特征的思想观念和精神风尚的改革开放精神……总之，历史川流不息，精神代代相传。中国共产党的精神谱系充盈中国共产党人的政治灵魂、支撑中国共产党人的精神脊梁，始终激励我们朝着最终实现共产主义不断前进，鞭策我们在民族复兴伟业中不懈奋斗。在新时代，我们要继续弘扬光荣传统、赓续红色血脉，永远把这些精神继承下去、发扬光大！

第六章
一封总书记的回信

张广秀同志：

　　来信收悉，感谢你和乡亲们的祝福。得知你康复良好、重返岗位的消息，我感到很欣慰，同时希望你仍要注意保重身体。

　　改变农村面貌，帮助农民群众过上好日子，推动广大农村全面建成小康，需要党和政府的好政策，也需要千千万万农村基层干部带领广大农民群众不懈努力。大学生村官计划实施以来，数十万大学生走进农村，热情服务，努力实现人生价值。你们的付出和贡献，农民群众有最真切的感受，我看了很多反映大学生村官事迹的材料，为你们的进步和成绩感到高兴。

　　希望你和所有大学生村官热爱基层、扎根基层，增长见识、增长才干，促农村发展，让农民受益，让青春无悔。

　　祝工作顺利、身体健康、阖家幸福！

　　请转达我对庐上村乡亲们的节日问候！

习近平

2014 年 1 月 28 日 [①]

①《习近平给大学生村官张广秀复信　对全国大学生村官提出殷切希望》，《人民日报》2014 年 2 月 14 日。

张广秀出生于 1986 年 1 月，山东临沂市罗庄区罗庄街道办事处桥西头村人，2009 年 7 月毕业于鲁东大学政法学院，当年 8 月考取大学生村官。

2009 年 8 月 10 日，张广秀被分配到福山区福新街道垆上村担任村委会主任助理，她利用自身电脑技术专长，帮助村里将所有的资料进行电子量化整理。在基层党建、惠农服务、计划生育、综合治理、农村账务管理等方面，发挥了一名大学生村官的作用。2010 年 8 月，村里准备让她接管村里的计划生育工作。不久，张广秀得了感冒，晚上睡觉时脖子疼得厉害，身上还出现紫点。平日体质很好的她没有把病魔放在心上，领导、同事们见她身体不适，立刻带她到福新街道卫生院、解放军 107 医院检查，均无确切的诊断结果。福新街道工委征得张广秀及其家人同意后，于 9 月 17 日安排她由父亲张玉欣陪同回临沂，到临沂市人民医院住院治疗。她的父亲先后两次赶赴天津血液研究所请专家研究张广秀的病情，最终确诊为急性白血病。

2011 年 2 月 14 日，时任中央政治局常委、书记处书记、国家副主席的习近平同志作出重要批示指出，大学生村官张广秀同志的事迹很朴实、很感人。她全身心为村民服务，身患重病不忘本职，用真诚赢得了大家的认可。要注意总结宣传张广秀同志这样的先进典型，进一步引导大学生村官扎根基层、奉献才干、锻炼成长。习近平同志还要求有关方面组织医疗专家对张广秀同志进行精心治疗。

2011 年 3 月 6 日、7 日，张广秀两次接受造血干细胞输注手术。2011 年 5 月 31 日，张广秀出院。2013 年 6 月 17 日，张广秀重返阔别了 33 个月的工作岗位。2014 年 1 月 15 日，张广秀致信习近平总书记，详细汇报了自己的工作生活情况，表示一定不辜负习近平总书记的殷切期望，努力工作，服务群众，勤奋学习，不断进步，为实现中国梦作出自己的贡献。

一、"革命精神不可灭"

"战争"二字，是带有血腥味儿的字眼，是蕴含着流血牺牲的字眼，这对一生中只有一次生命的每一个人来说，都是一个最为严峻的考验，而在考验中那些为理想、为人民抛头颅、洒热血、视死如归的共产党人，之所以能够犹如一座永垂不朽的历史丰碑，矗立在中国人民的心中、中国共产党和中国革命的历史之上，根本原因就在于他们具有坚强的党性。

（一）"刑场上的婚礼"——周文雍、陈铁军夫妇

周文雍，1905年8月出生，广东省开平县百合下洞凤凰里人。1923年加入中国社会主义青年团，1925年加入中国共产党。周文雍是广州工人运动的优秀领袖之一，曾任中共广东区委工委委员、广州工人纠察队总队长、中共广州市委组织部部长兼市委工委书记等职。1925年省港大罢工时，他被派到广州沙面洋务工会主持工作，一直坚持到罢工胜利。1926年国民革命军誓师北伐时，他把青年工人组织起来，成立担架队、运输队；在学生中成立宣传队、卫生队，与省港罢工工人一起，给北伐军以有力援助。1927年4月，蒋介石在上海发动反革命政变之后，广东的反动派也发动了四一五反革命大屠杀。中共广东区委、省港罢工委员会、工会等领导机关均遭破坏，共产党员萧楚女、刘尔崧、毕磊等不幸被捕或被杀害。周文雍也受到通缉，但他置个人安危于不顾，在白色恐怖笼罩下，仍然机警地坚持战斗。他把各工会的工人纠察队和会员秘密组织起来，建立广州工人武装，领导工人运动，和张太雷、叶挺、恽代英、叶剑英、杨殷、聂荣臻等一起领导广州工人阶级和革命士兵举行震撼中外的武装起义。

陈铁军，原名陈燮君，生于 1904 年 3 月，广东佛山人。1922 年春，陈铁军考入广州坤维女子中学初中部。1924 年秋，她考入广东大学文学院预科。求学期间，为追求进步，铁心跟共产党走，她将原名燮君改为铁军。1925 年五卅惨案发生之后，广州和香港的工人在中国共产党的领导下，举行了举世闻名的省港大罢工。6 月 23 日，罢工回来的工人和广州革命群众举行了示威游行，声援五卅运动。陈铁军带着同学们冲出校门，满怀激情地挥着旗帜，高呼反帝口号，和群众一起参加游行。在这次游行中，陈铁军感受到群众的伟大力量，也亲眼看见帝国主义的狰狞面目，她还感受到妇女要真正解放，人类要得到真正的幸福，只有在共产党领导下进行斗争。不久，陈铁军就参加了"新学生社"，和广大进步青年一起高举反帝反封建的旗帜，为革命事业不懈奋斗。她自觉地、积极地到工人中接受锻炼，到手车夫工会劳工子弟学校教书，到女工家里嘘寒问暖，到罢工工人家属中去做工作，跟她们一起打草鞋、缝衣服，支援北伐大军。

1926 年 4 月，陈铁军加入了中国共产党，发誓要把一切献给党的革命事业。

1927 年 4 月 12 日，蒋介石在上海背叛革命。15 日，广州的反动军阀也对共产党操起了屠刀。陈铁军和党暂时失去了联系。她的哥哥想方设法找到她后，劝她不要冒杀头的危险，答应送她到国外留学。陈铁军断然回答说："正是革命到了紧急关头，才需要不怕危险的人。为大众的幸福而被杀头，也就是我的幸福。"不久，陈铁军与组织联系上了，她接受了新任务，和周文雍以假夫妻的名义租房子，在广州建立地下市委机关，准备发动广州武装起义的具体工作。

广州起义失败后，周文雍和陈铁军都撤退到香港，这是当时的省委所在地。1928 年 1 月初，周文雍与陈铁军以知难勇进的英雄气概扮成夫妻潜回广州继续战斗。由于广州市委发动"春节骚动"的传单落在敌人手里，敌人便在全市开展大搜查，白色恐怖更加严重。1月27日，因广州乐安坊的一个秘密机关被破获，叛徒供出了陈铁军的活动地址。下午4时，国民党反动军警包围了位于广州荣华北街的市委机关，陈铁军和周文雍落入敌人的魔掌。

在狱中，敌公安局局长严刑审讯周文雍和陈铁军，反动军警对他们施以灌辣椒水、坐老虎凳、竹签钉指心等各种惨无人道的酷刑，他们备受酷刑，坚贞不屈。敌人见硬的不行，又用高官厚禄诱惑，但他们不为任何诱惑所动。敌人强迫周文雍写"自首书"。周文雍接过笔来，在监狱的墙壁上写下了共产党人"革命精神不可灭"的诗作：

头可断，肢可折，革命精神不可灭。

壮士头颅为党落，好汉身躯为群裂。

敌人无计可施，决定开庭判决。周文雍又利用法庭同敌人斗争，宣传革命真理。

敌法官：你是不是共产党员？

周文雍：是！

敌法官：你为什么要参加共产党？

周文雍：为了全中国人民的自由和解放。

敌法官：哪些人是共产党？从实招来！

周文雍：全中国的工农都是，你去抓吧！共产党是杀不完的。

在周文雍和陈铁军共同的生活和斗争中，对党的忠诚，对人民的热爱，工作上的互相帮助和生死与共的斗争，把这两个年轻人紧紧地联系在一起，两人逐渐萌发了真挚的感情。但在紧张严酷的现实面前，他们都以事业为重，顾不上谈个人感情，双方一直克制自己。1928年2月6日，陈铁军和周文雍被敌人押上广州红花岗刑场。临行前，敌法官问周文雍有什么要求，他提出和陈铁军照一幅合影，敌人应允了，把摄影师带到监狱里来。他和陈铁军肩并肩站在铁窗下照了一张相片。这就是他们留给党和人民的革命英雄儿女最好的纪念证物，是给党和同志们的永别留念。在赴刑场的路途中，他们沿途高呼"打倒帝国主义！""打倒国民党反动派！""中国共产党万岁！"等口号。在刑场上，特别令人想象不到的是，陈铁军突然向周围的群众宣布："我们要举行婚礼了，让反动派的枪声来作为我们结婚的礼炮吧！"这句高喊的口号，既体现了陈铁军内心对周文雍的那份真挚爱情，也体现了她大无畏的革命乐观主义精神，敌人的刑场成了他们悲壮的结婚典礼现场。最后，周文雍、陈铁军这两位党的优秀儿女态度从容，昂首挺胸，高唱《国际歌》。刽子手的枪声响了，周文雍中弹倒地以后，又顽强地支撑起上身，用最后的气力向群众呼喊着："同志们！革……命……到……底！"

（二）"甘将热血沃中华"——赵一曼

赵一曼，原名李坤泰，1905年10月出生在四川省宜宾县北部白杨嘴村一个封建地主家庭。五四运动期间，赵一曼受到革命思想影响。1923年加入中国社会主义青年团。1926年加入中国共产党，是著名的抗日民族女英雄。曾就读于莫斯科中山大学。

1931年九一八事变后，赵一曼被中国共产党派到东北地区领导革命斗争。1934年，担任中共珠河中心县委委员兼铁道北区区委书记，组织抗日自卫队，与日军展开游击战争。1935年，担任东北人民革命军第3军第1师第2团政委。11月，与日伪军作战时不幸因腿部受伤被捕。日军为了从赵一曼口中获取到有价值的情报，找了一名军医对其腿伤进行了简单治疗后，连夜对其进行了严酷的审讯。

面对凶恶的日军，将生死置之度外的赵一曼忍着伤痛怒斥日军侵略中国以来的种种罪行。凶残的日军见赵一曼不肯屈服，便使用马鞭狠戳其腿部伤口。身负重伤的赵一曼表现出了一个中国人应有的坚强意志和誓死抗日的决心，痛得几次昏了过去，仍坚定地说："我的目的，我的主义，我的信念，就是反满抗日。"没说出一字有关抗联的情况。

1935年12月13日，因赵一曼腿部伤势严重，生命垂危，日军为得到重要口供，将她送到哈尔滨市立医院进行监视治疗。赵一曼在住院期间，利用各种机会向看守她的警察和女护士进行反日爱国主义思想教育，有两人深受感动，1936年6月28日，他们帮助赵一曼逃离日军魔掌。6月30日，赵一曼在准备奔往抗日游击区的途中不幸被追捕的日军赶上，再次落入日军的魔掌。

赵一曼被带回哈尔滨后，凶残的日本军警对她进行了坐老虎凳、灌辣椒水等更加严酷的刑讯。据敌伪档案记载，日本宪兵为了逼迫她供出抗联的机密和党的地下组织，对她进行了残酷的拷问。刑讯前后采用的酷刑多达几十种，其中就包括电刑。但她始终坚贞不屈，没有吐露任何实情。

日军知道从赵一曼的口中得不到有用的情报，决定把她送回珠河县处死"示众"。8月2日，赵一曼被押上去珠河县（现尚志市）的火车，她知道日军要将她枪毙了，此时，她想起了远在四川的儿子，她向押送的警察要了纸笔，给儿子写了一封催人泪下的遗书："母亲对于你没有能尽到教育的责任，实在是遗憾的事情。母亲因为坚决地做了反满抗日的斗争，今天已经到了牺牲的前夕了。希望你，宁儿啊！赶快成人，来安慰你地下的母亲！在你长大成人之后，希望不要忘记你的母亲是为国而牺牲的！"

（三）"共产党员的意志是钢铁！"——江竹筠

江竹筠，曾用名江志炜、江雪琴。1920年8月出生于四川省自贡市大安区大山铺镇江家湾的一个农民家庭。苦难的生活经历，培养了江竹筠鲜明的爱憎观。她对当时的社会制度及其代表国民党反动派充满了憎恨，对共产党、新中国无限向往。当新中国的五星红旗在天安门广场升起时，她和"渣滓洞"里的难友们虽不知国旗的图案，却也以憧憬的心情商议着绣制这面代表解放的旗帜——尽管她们知道自己已看不到胜利的那一天。今天大家耳熟能详的歌曲《绣红旗》就是对这一事件的歌颂。

江竹筠有坚强的革命性格和对革命无限忠诚的赤胆忠心。为了革命工作，她按照党组织的要求，与彭咏梧以假夫妻的身份并肩战斗了两年之后，终于结成了真伴侣。1947年，彭咏梧任中共川东临时委员会委员兼下川东地委副书记，领导武装斗争。江竹筠以川东临委及下川东地委联络员的身份和丈夫一起奔赴斗争最前线。1948年，彭咏梧在组织武装暴动时不幸牺牲。江竹筠强忍悲痛，毅然接替丈夫的工作。她说："这条线的关系只有我熟悉，我应该在老彭倒下的地方继续战斗。"惨无人道的敌人却把彭咏梧的人头挂出来示众。一天，江竹筠路过城门时突然看到丈夫的头颅，心如刀绞。为防止旁边的敌人发现，她强忍悲痛，镇定自若。为了革命工作，她做了绝育手术。为了革命工作，她把唯一的爱子——彭云寄养在别人家里。

江竹筠有坚强的革命意志和勇敢的牺牲精神。1948年6月始，江竹筠被关押于重庆的"中美特种技术合作所"的"渣滓洞"监狱。在狱中，国民党军统特务用尽各种酷刑，老虎凳、吊索、带刺的钢鞭、撬杠、电刑……甚至残酷地将竹签钉进江竹筠的十指，妄想从这个年轻的女共产党员身上打开缺口，以破获重庆地下党组织。面对敌人的严刑拷打，江竹筠始终坚贞不屈，"你们可以打断我的手，杀我的头，要组织是没有的。""毒刑拷打，那是太小的考验。竹签子是竹子做的，共产党员的意志是钢铁！"正是江竹筠的这种坚强意志和牺牲精神，使狱中的同志们深受教育，难友诗人蔡梦慰用竹签蘸红药水在草纸上写下了《黑牢诗篇》，表达了对江竹筠的敬佩。其中这样写道：

可以使皮肉烧焦，

可以使筋骨折断，

铁的棍子，

木的杠子，

撬不开紧咬着的嘴唇！

那是千百个战士的安全线呵，

用刺刀来剖腹吧，

挖得出来的，

也只有又红又热的心肝！

人们都认为革命战士是钢铁铸成，其实英雄也有温柔的一面，江竹筠在生命的最后时刻，除了革命事业外，最牵挂的就是自己的孩子。江竹筠在临刑之前，写下了一封托孤遗书。遗书写好后，江竹筠通过一个看守，悄悄把信带出了监狱，辗转交给了她的表弟谭竹安。新中国成立后，谭竹安将这封宝贵的遗书交给了博物馆保存。至于这封"红色遗书"的具体内容，直到 2007 年 11 月 14 日，在江竹筠牺牲 58 周年这天，终于向世人揭开尘封已久的秘密。

我们有必胜和必活的信心……我们在牢里也不白坐，我们一直是不断地在学习……我们到底还是虎口里的人，生死未定……假若不幸的话，云儿（指江竹筠、彭咏梧两烈士的孩子彭云）就送给你了，盼教以踏着父母之足迹，以建设新中国为志，为共产主义革命事业奋斗到底。孩子们决不要骄（娇）养，粗服淡饭足矣……

遗书字迹相当潦草，不时出现涂改墨迹，可见当时江竹筠作为一名母亲，对儿子浓浓的思念和牵挂之情。在江竹筠身上，我们看到了一个好大姐、一个好妻子、一个好母亲的伟大形象，我们看到了革命英雄主义和革命浪漫主义两种精神的最佳融合。江竹筠是中国人民的优秀儿女，是中国共产党的优秀党员，是为实现共产主义奋斗终身的坚强战士。

二、前赴后继为祖国

以中华人民共和国的成立为标志，我国进入社会主义革命和建设时期，一大批优秀共产党员涌现在各条战线，成为我们永远学习的榜样。

（一）"为整体、为胜利而牺牲的伟大战士"——邱少云

邱少云，1926 年出生于重庆市铜梁县少云镇玉屏村邱家沟的一个贫苦的农民家庭。1949 年 12 月，四川解放后，邱少云作为解放兵毅然参加了中国人民解放军。1951 年 3 月，邱少云响应毛泽东"抗美援朝保家卫国"的伟大号召，参加了中国人民志愿军。

1952 年 10 月，上甘岭战役打响。邱少云所在连队接受了一项光荣而艰巨的任务，就是消灭盘踞在平康和金化之间的 391 高地的美李匪军，把战线向南推进。然而，我军阵地到 391 高地之间有着 3000 米宽的开阔地，这是敌人的炮火封锁区。要在这样长距离的炮火下胜利冲击难度极大。为了缩短冲击距离，出奇制胜，我军决定在发起总攻击前一天的夜里，把部队潜伏在敌人阵地的前沿。出发以前，部队首长要求全体战士："提高纪律性，坚决执行命令，在任何情况下都不能暴露目标。"邱少云在战斗前夕，向党支部递交了一份入党申请书。他写着钢铁誓言：为了战斗的胜利，甘愿献出自己的一切！

深夜，邱少云等 52 名全副武装的志愿军战士，按预定计划迅速分散开来，隐蔽潜入到 391 高地附近一片蒿草丛生的地里。这里，离敌人的驻地只有 60 米，就像在敌人的眼皮底下，一举一动都有可能被敌人发现。为了不被敌人发现，每个人从头到脚都插上了蒿草，风一吹，人身上的草和地上的草同时摇动，看不出一点儿伪装的痕迹。邱少云和他所在的排就在高地东边一条长满蒿草的土坎旁边隐蔽了将近 20 小时。

天刚蒙蒙亮，一挺挺机枪从地堡的射口直对着山下，持枪的敌人在山脊上的交通壕里来回走动，还不时地用望远镜朝山下张望。10点多钟的时候，意外情况发生了，李承晚匪军的一个班钻出了地堡，朝邱少云和他的战友潜伏的方向窜来。邱少云和战友们镇静地互相看看，用眼神互相示意：不能冲动，潜伏好就是胜利。他们继续坚定、沉着地潜伏在草地里。敌人越来越近了……

突然，有两名战士被敌人发现了，敌人慌乱地打了一梭子弹，扭头就朝山顶上逃跑。如果让敌人活着回去，潜伏的机密就会暴露，我们的目的就会落空。于是，指挥员立刻下达命令：用炮火消灭这股敌人！顿时，炮声隆隆，391高地的山坡上筑起了一道火墙，截断了敌人逃跑，一个班的敌人全部被歼灭在山腰中。

大约半个钟头后，几架敌机盘旋在志愿军潜伏的上空。忽然，敌机投下了燃烧弹。有一颗燃烧弹落在离邱少云两米远的草地上，飞迸的燃烧液溅到邱少云的左腿上，眨眼工夫，插在他脚上的蒿草烧着了，火苗腾腾地冒起来。此刻，邱少云只要翻动一下身子，就可以把火苗扑灭，但是这样做会暴露目标。邱少云想到要更好地打击敌人，想到整个战斗的胜利，他坚定地伏在草丛中，一会儿烈火就蔓延到了全身。就在这生死考验面前，邱少云和他的战友们牢记着部队首长的嘱咐："在任何情况下都不能暴露目标。"邱少云为了不暴露目标，纹丝不动，烈火在邱少云身上继续燃烧着。邱少云咬紧牙关，把手深深地插入泥土，顽强地忍受着烈火烧身的剧烈疼痛。就这样，邱少云在烈火烧身的半个多钟头里，没有发出一声呻吟，直到最后牺牲。

下午5时30分，中国人民志愿军向391高地进攻的号角吹响了，战士们怀着满腔复仇的怒火，以排山倒海之势向敌人扑去。两颗红色信号弹腾空而起，敌人的一个加强连全部被歼，391高地上飘扬着我军胜利的红旗。

年仅 26 岁的邱少云牺牲了。邱少云身上表现出的高度的组织纪律性，坚韧顽强的革命意志，高度的自我牺牲精神，永远值得我们学习。

（二）"宁肯一人脏，换来万家净"——时传祥

时传祥，1915 年出生于山东省齐河县一个贫苦农民家庭。1929 年，时传祥为了糊口逃荒到北京做掏粪工，城市清理厕所主要靠人工，时传祥的工作就是每天用粪勺挖、用粪罐提、用粪桶背、用粪车运，清理城里的粪便。旧北京城的路非常难走，时传祥每天推着送粪的破轱辘车，由六部口到广安门，再到姚各庄、小井一带。他来回二三十里，常常是"一步三歪，步步打转"。无论刮风下雨，严寒酷暑，他每天都要往返 4 趟。工钱则少得可怜，一个月挣不到 3 块银圆。他住的地方更简陋，13 个伙伴跟一头驴睡在一起，即使这样的住所还时常待不住。他们常常是吃在马路上，睡在马路上，头枕半块砖头，一条破棉裤补了又补，穿了整整 8 年。

如果说工作的苦和累还能让人忍受的话，那么生活中受人鄙视和侮辱则是更让人难以承受的。在旧中国，城里人的居家生活虽然离不开掏粪工，却又非常瞧不起这一职业。尤其是有钱人，常常把掏粪工蔑称为"屎壳郎"。掏粪工不仅受到社会的白眼，还要受行业内部一些恶势力的压榨和盘剥，受尽了压迫与欺凌。有一次，时传祥给京城的一个大律师家掏粪，干完之后想讨口水喝，谁知那家的阔太太竟然藏起了水瓢，盖严了水缸，让女佣人拿喂猫的盆子给他盛了一点水。日伪统治时期，粪霸逼时传祥去日本兵营掏粪。进门的时候，他因为双手推着轱辘车，无法给站岗的日本兵摘帽敬礼，被日本兵用枪托和皮鞭打得遍体鳞伤。日本投降之后，城里又住了美国兵，他们开着吉普车在街道上横冲直撞，有一次竟故意撞翻了时传祥的粪车，撞伤了他的腿。这种生活中的压力和艰难，使时传祥对旧社会充满了仇恨，对新中国充满了向往。

　　新中国成立之后，共产党和人民政府清除了粪霸等恶势力，时传祥真正感到翻身得了解放。1952 年，他加入了北京市崇文区清洁队，时传祥也由掏粪工变成了清洁工。名称的改变，彰显了时传祥所从事的行业的变化，表明了时传祥这一行业工人地位的变化。北京市人民政府为了体现对清洁工人劳动的尊重，不仅规定他们的工资高于别的行业，而且想办法减轻掏粪工人的劳动强度，把过去送粪的轱辘车全部换成汽车，清洁工人只需把粪掏好装上车，再由汽车送至郊外。

　　工人地位的提高和劳动条件的改善，大大激发了清洁工人的干劲。时传祥合理计算工时，挖掘潜力，把过去 7 个人一班的大班改为 5 个人一班的小班。他带领全班由过去每人每班背 50 桶增加到 80 桶，他自己则每班背 90 桶，最多每班掏粪背粪达 5 吨。管区内居民享受到了清洁优美的环境，而他背粪的右肩却被磨出了一层厚厚的老茧。他赢得了人们的普遍尊敬，也赢得了很多荣誉。1954 年，他被评为先进生产者，1956 年当选为崇文区人民代表，同年 6 月加入中国共产党。1958 年，时传祥被选为北京市政协委员。1959 年，时传祥作为全国先进生产者参加了在北京召开的全国"群英会"，还被选为"群英会"主席团成员，同年被选为全国劳动模范。1964 年，他被选为第三届全国人大代表。国家主席刘少奇曾握着他的手说："你当清洁工是人民的勤务员，我当主席也是人民的勤务员，这只是革命分工不同。"时传祥高兴地表示："我要永远听党的话，当一辈子掏粪工。"自此以后，他更加努力，更加热爱自己的本职工作。

（三）"中国导弹之父"——钱学森

　　钱学森，1911 年 12 月生于上海，祖籍浙江省杭州市临安县。钱学森的一生中，最令人感动的是他的赤子之心和科学贡献。

　　赴美留学为了报国。1935 年 8 月的一天，钱学森从上海乘坐美国邮船公司的船只离开祖国。黄浦江浊浪翻滚，望着渐渐模糊的上海城，钱学森在心中默默地说："再见了，祖国。你现在豺狼当道，混乱不堪，我要到美国去学习技术，早日归来为你的复兴效劳。"钱学森到美国进入麻省理工学院航空系，学习成绩一直名列前茅。学工程要到工厂去实践，可当时美国航空工厂歧视中国人，所以一年后他开始转向航空工程理论，即应用力学的学习。1936 年 10 月，他转学到他所向往的加州理工学院，因为坐落在洛杉矶市郊帕萨迪纳的加州理工学院航空系，有一位大名鼎鼎的空气动力学教授冯·卡门。冯·卡门仔细打量着仪表庄重、个子不高的钱学森，并向他提出几个问题，钱学森稍加思索便异常准确地做出了回答。冯·卡门暗自赞许：这个中国人的思维敏捷而又富于智慧，高兴地收下了这位学生。1945 年初，钱学森成为以冯·卡门为团长的空军科学咨询团成员。1947 年初，36 岁的钱学森成为麻省理工学院的正教授。1955 年，钱学森回国前向冯·卡门告别时，冯·卡门激动地说："你现在在学术上已超过了我！"

　　归国之旅异常艰难。钱学森从出国留学的那天起，就坚定着一个信念："我一直相信，我一定能够回到祖国的。"1955 年 9 月 17 日，钱学森在周恩来总理的关怀下踏上了回国航程，于 1955 年 10 月 1 日到达香港，1955 年 10 月 8 日到达广州，同他一起回国的还有他的夫人和两个孩子。然而，钱学森回国却经历了异常的坎坷。钱学森于 1935 年 8 月作为一名公费留学生赴美国学习和研究航空工程和空气动力学。回国前，曾担任加利福尼亚理工学院超音速实验室主任和古根罕喷气推进研究中心主任，成为当时一流的誉满全球的火箭专家，在第二次世界大战期间跟其导师冯·卡门参与了当时美国绝密的"曼哈顿工程"——导弹核武器的研制开发工作，对美国来说是一个屈指可数的稀世之才。当中华人民共和国宣告诞生的消息传到美国后，钱学森按捺不住内心的喜悦，希望早日回到祖国，为自己的国家效力。

但是，钱学森被怀疑为共产党人和拒绝揭发朋友，被美国军事部门突然吊销了参加机密研究的证书，而且美国海军部次长恶狠狠地说："他知道所有美国导弹工程的核心机密，一个钱学森抵得上 5 个海军陆战师，我宁可把这个家伙枪毙了，也不能放他回中国去！"从此，美国对他的政治迫害接踵而至。移民局抄了他的家，在特米那岛上将他拘留 14 天，直到收到加州理工学院送去的 1.5 万美元巨额保释金后才释放了他。后来，海关又没收了他的行李，包括 800 公斤书籍和笔记本，诬陷他在其中夹带机密。

钱学森在美国受迫害的消息很快传到国内，新中国震惊了！国内科技界的朋友通过各种途径声援钱学森。党和政府也通过多种方式对钱学森在美国的处境表示关心，为钱学森回国创造条件。1954 年 4 月，周恩来在美、英、中、苏、法五国在日内瓦召开讨论和解决朝鲜问题和恢复印度支那和平问题的国际会议上，通过外交途径要求美国停止扣留钱学森等中国留美人员，被美方无理拒绝。后来，中国又释放 4 个被扣押的美国飞行员，仍然得不到美国的认同。就在此时，时任全国人大常委会副委员长的陈叔通收到了钱学森写在小香烟纸上从大洋彼岸辗转寄来的一封信，请求祖国政府帮助他回国。周恩来当即做出了周密部署，以钱学森的这封信作为美国当局至今仍在阻挠中国平民归国的铁证，揭穿美国政府"没有证据表明钱学森要归国"的谎言。美国政府不得不批准钱学森回国的要求。1955 年 8 月 4 日，钱学森收到了美国移民局允许他回国的通知。

1955 年 9 月 17 日，钱学森梦寐以求的回国愿望得以实现了！这一天钱学森携带妻子蒋英和一双幼小的儿女，终于登上了"克利夫兰总统号"轮船，踏上返回祖国的旅途。由于钱学森的回国效力，中国导弹、原子弹的发射向前推进了至少 20 年。"他是一位把祖国、民族利益和荣誉看得高于一切的人，说得上是一位精忠报国、富有民族气节的中国人。"这是钱学森的夫人蒋英对钱学森特有的爱国情结的一个评价。

三、改革开放谱新篇

1978 年，党的十一届三中全会作出了从"以阶级斗争为纲"转向以经济建设为中心的重大战略决策，标志着我国进入了改革开放新时期。这一时期，涌现出了许多带领群众脱贫致富、共同富裕的优秀共产党员。

（一）"两袖清风来去"——谷文昌

"两袖清风来去"，这是福建省东山县干部群众对老书记谷文昌的朴实评价。为官一任，造福一方，不畏艰苦，实事求是，带领东山县人民苦干 14 年，终于把一个荒岛变成了宝岛。他用自己的言行赢得了老百姓的信任和敬仰。

谷文昌，男，1915 年 10 月生，原名程栓，河南省林州市石板岩镇（原林县石板岩乡）郭家庄南湾村人。他小时曾逃荒求乞，稍长当长工，学打石。1943 年 3 月加入中国共产党，任过区长和区委书记。1949 年 1 月随军南下。1950 年 5 月 12 日东山解放，谷文昌任中共东山县第一区工委书记，后历任中共东山县工委（以下简称县委）组织部部长、县长、县委书记及福建省林业厅副厅长、龙溪地区革委会副主任、龙溪行政公署副专员。

东山岛东南部原有 3.5 万多亩荒沙滩，狂风起时飞沙侵袭村庄，吞噬田园。谷文昌到东山不久即了解到这一情况，关切地说："不治服这风沙灾害，东山人民是无法过好日子的。要治穷，得先除害！"并研究制定了治理风沙的方案。他与县委一班人先后 8 次组织干部群众筑堤拦沙、挑土压沙、植草固沙、种树防沙……但收效不大。他发誓："不治服风沙，就让风沙把我埋掉！"

1958 年春，东山县委向全县发出号召："上战秃头山，下战飞沙滩，绿化全海岛，建设新东山！"全县党政军民、男女老少齐上阵，掀起轰轰烈烈的造林运动，数天时间栽上 20 万株木麻黄树。岂料气温骤降，持续一个月倒春寒，树苗大部分被冻死。谷文昌组织一个由领导干部、林业技术员和老农民组成的造林实验小组，亲自担任组长。

1960 年夏天，全县掀起轰轰烈烈、扎扎实实的全民造林运动。至 1964 年，全县造林 8.2 万亩，400 多座小山丘和 3 万多亩荒沙滩基本完成绿化，194 公里的海岸线筑起"绿色长城"。谷文昌还发动群众挖塘打井、修筑水库、开发利用地下水资源，缓解了东山旱情。

1981 年 1 月 30 日，谷文昌在漳州病逝。1986 年，东山县委为了弘扬谷文昌精神，决定将谷文昌的骨灰安葬在当年他亲手建起的赤山林场。2015 年 10 月 27 日，谷文昌纪念馆在河南林州开工奠基。

谷文昌一贯严格要求自己和家属子女，不搞特殊，不以权谋私。许多人称赞他是一位"时刻想着群众，忘记自己的人"，是"一辈子做好事，不做坏事，一贯地有益于广大群众，一贯地有益于青年，一贯地有益于革命，艰苦奋斗几十年如一日"，非常高尚的人。习近平总书记多次提过谷文昌，在一篇题为《"潜绩"与"显绩"》的文章中，称赞他"在老百姓心中树起了一座不朽的丰碑"。2015 年 1 月，习近平总书记与全国 200 多位县委书记座谈，在叮嘱大家要做心中有党、心中有民、心中有责、心中有戒的"四有"干部时，又一次深情谈起了谷文昌。

（二）"我要让我的每一堂课都讲成精品"——方永刚

方永刚，1963 年 4 月出生于辽宁省朝阳市建平县罗福沟乡水泉村，1985 年毕业于复旦大学历史系，同年 7 月入伍，历史学学士、法学硕士、军事学博士。1992 年 12 月加入中国共产党。先后在海军政治学院、海军大连舰艇学院任教，生前为海军大连舰艇学院政治系中国特色社会主义理论教研室教授、硕士研究生导师，辽宁省国防教育讲师团成员，沈阳军区联勤部客座教授，大连市讲师团成员等。被誉为"平民教授""大众学者"。多次被学院评为优秀教员、青年教员成才标兵。2008年3月25日22时08分在北京病逝。

刻苦钻研、与时俱进。方永刚几乎把业余时间全都用在刻苦学习党的创新理论上，并及时把学习研究成果运用到教学实践中，先后主编了16部党的创新理论研究专著，发表学术论文100多篇，其中在国家和军队核心期刊上发表40多篇，荣获"全军政治理论研究优秀成果"一等奖等28个奖项，完成了国家社科基金项目军队重点理论研究课题7项。1997年5月8日，一场车祸造成他的颈椎严重骨折。在做牵引治疗的情况下，他仍然坚持看书学习。住院108天，他一连看了43本书，并完成一部30万字的专著。党的创新理论每前进一步，他的学习就跟进一步，研究就深化一步。2003年7月，胡锦涛提出要坚持协调发展、全面发展、可持续发展的发展观。他从电视新闻中看到这个消息后，连夜调整了第二天的讲课稿，让这一新思想第一时间进入了课堂。

追求真理、矢志不渝。自觉做党的创新理论的坚定信仰者。方永刚出生在一个贫穷的农民家庭，是改革开放的好政策使他有机会上大学，参军入伍，光荣入党，成为一名军队政治理论教员。他经常对别人讲，自己是在党的创新理论的哺育下成长成才的，是党的创新理论的直接受益者，对党有着发自内心的深厚感情。20多年来，他遇到理论困惑不动摇，碰到现实困难不回避，面对错误思潮敢斗争，在对真理的执着追求和坚决捍卫中，不断坚定对马克思主义的信仰，对中国特色社会主义的信念，对改革开放和现代化建设的信心。他始终认为，如果他的宣讲可以使广大官兵和人民群众对党的信任更坚定一点、对党的创新理论的理解更深入一步、对建设中国特色社会主义的信心更充足一些，那么研究和传播党的创新理论就是他人生的最大价值和全部意义！

不辱使命、甘愿奉献。方永刚认真履行一名思想理论工作者的神圣职责，曾经6年累计完成1000多课时的教学任务，年均超额完成200%的教学工作量，连续多年其教学质量被学院评为A等。同时，他还利用课余时间为学院教职员工和学员举办了200多场学术讲座，先后为部队和地方党政机关、社区、企事业、干休所、学校等单位作辅导报告1000多场，从军队到地方、从城市到乡村，从北国的漠河边防到南疆的海防哨卡，都留下过他传播创新理论的足迹。为了把老百姓关心的下岗失业、"三农"问题、老工业基地振兴问题讲透彻，方永刚经常利用寒暑假和节假日深入群众当中，与大家拉家常，把生活当课堂，让老百姓给自己出题目，结合老百姓的需要宣传党的路线方针政策。

师德高尚、知行统一。方永刚把本职岗位作为践行党的创新理论的平台，不知疲倦地为党工作。在他的病情露出端倪之时，他一直顾不上做系统检查，而是主动请缨承担最重的讲课任务。为了讲好课，他精心准备，看了上百万字的资料，到基层部队进行调研，找老海军了解情况，向随舰出访的同志了解事例，有时一个讲课稿要修改12次、试讲10多次。在被确诊为结肠癌晚期的情况下，他一方面以乐观主义精神和顽强的毅力与病魔作斗争，另一方面争分夺秒地抓紧工作。他表示："我能舍弃我的生命，但不能舍弃我的事业；我不惧怕癌症，但害怕离开最钟爱的三尺讲台。只要不倒下，就要不停地学、不停地写、不停地讲。"2007年1月15日上午，在术后第二次和第三次化疗间隙，他坚持从医院回到学院为学员们上完他本学期的最后两节课。1月23日，他又躺在病床上完成对3名研究生的学期教学和毕业论文写作辅导任务。2008年3月25日22时08分，方永刚的心脏停止了跳动。时年45岁。

方永刚兑现了自己"我要让我的每一堂课都讲成精品"的诺言，他用忠诚和青春诠释了对党的无限热爱，用实际行动表达了对党的创新理论的不懈追求。

（三）"当代雷锋"——郭明义

郭明义，辽宁鞍山人，1958年12月出生，1977年1月入伍，1980年6月加入中国共产党，1982年1月复员到鞍钢集团矿业公司齐大山铁矿工作，1996年至2009年任生产技术室采场公路管理员。他入党30多年来，以无私奉献的实际行动诠释了当代共产党人的坚定信念和高尚情操，赋予雷锋精神以新的时代内涵。2010年8月，胡锦涛对鞍山钢铁集团郭明义同志的先进事迹作出重要批示：郭明义同志是助人为乐的道德模范，是新时期学习实践雷锋精神的优秀代表。要大力宣传和弘扬郭明义同志的先进事迹和崇高品德，为构建社会主义和谐社会提供强大精神力量。也是在2010年8月，中央精神文明建设指导委员会决定授予郭明义"当代雷锋"荣誉称号。2010年9月，中共中央组织部决定授予郭明义"全国优秀共产党员"称号。2011年9月20日，在第三届全国道德模范评选中荣获全国助人为乐模范称号。2012年3月2日，中央精神文明建设指导委员会授予郭明义同志"当代雷锋"荣誉称号。

郭明义是爱岗敬业的模范。郭明义从部队退伍回到鞍钢齐大山铁矿后，先后从事过6个不同的工作，无论在什么岗位上，他都用做到"最好"严格要求自己。工友们称郭明义是"活雷锋"，矿业公司领导则称郭明义使整个"矿山人"的精神得到了升华。

郭明义是爱国爱民的时代先锋。他20年来累计无偿献血6万多毫升，相当于自身血量的10多倍。1990年，齐大山铁矿号召职工义务献血，郭明义认为这是对社会、对企业、对他人有意义的事情，自己是一名共产党员，必须积极响应号召。这是郭明义第一次献血，也就是因为这次献血，他了解到血库经常血源不足，他献的血能挽救他人的生命。从此，他年年坚持无偿献血，有时一年两次，20年来从未间断。2005年，郭明义又开始捐献血小板，开始时从800毫升血浆中提取一个单位的血小板，后逐渐增加到从 1600 毫升中提取两个单位的血小板，每月捐献一次。2008 年 12 月，郭明义获得国家卫生部颁发的"全国无偿献血奉献奖金奖"。郭明义还经常向工友们宣传无偿献血的意义和相关知识，带动更多人加入到无偿献血队伍中来。2007 年 2 月，鞍山市中心血站血源告急，向郭明义求援。征得领导的同意后，郭明义写了一份无偿献血倡议书，一个班组一个班组地进行宣传。在郭明义的倡导下，"齐矿"100 多名职工参加了无偿献血，总献血量达到 2 万多毫升。像这样较大规模的献血，郭明义组织了 10 余次，累计献血达到 10 万多毫升。2008 年，鞍山市第一支"无偿献血志愿者服务队"成立，郭明义被推选为队长。

郭明义是助人为乐的道德模范。"做一件好事不难，难的是一辈子做好事。"郭明义就是那个一辈子做好事的人。他先后为"希望工程"、困难职工和灾区群众捐款 12 万多元，资助贫困生 180 多名。追溯郭明义做资助贫困学生的奉献善举，要从 1994 年说起。在电视里看到偏远山区的孩子辍学的新闻，看到希望工程的"大眼睛"公益广告时，他被孩子们企盼念书的眼神牢牢抓住了，内心受到强烈冲击，于是他下定决心"一定要为他们做点什么"。几天后，郭明义怀揣 200 元钱走进鞍山市"希望工程"办公室，开始了他的"资助之旅"。第一次资助，郭明义将 200 元钱捐给了岫岩满族自治县的一名男孩。几天后，郭明义和妻子被这个家境贫寒却十分渴望读书的孩子深深打动了。他们又给孩子寄去了 200 元钱。一个月的时间，郭明义捐助了 400 元，而那时他的工资还不到 600 元。在资助贫困学生的过程中，郭明义不仅捐助资金，还尽一切努力为学生提供其他帮助。休息时间，他参加了鞍山市组织的圆梦行动，为孩子送去 300 余本图书及学习工具；得知汤岗子小学一名贫困学生需要一辆自行车上学的情况后，立刻把自己价值 300 多元的凤凰牌自行车擦得锃亮捐给了他；快过年了，郭明义把崭新的衬衣连同 200 元钱送到千山区的一名贫困学生手中。然而，有谁能想得到，就是这样乐于助人、扶贫帮困的郭明义却过着清贫的生活。郭明义一家 3 口住在鞍山市千山区齐大山镇，一个 20 世纪 80 年代中期所建的不到 40 平方米的房子里。因此，工友们给郭明义起了个尊称——"郭菩萨"。

四、新时代里作贡献

党的十八大以来，中国特色社会主义进入新时代。党面临的主要任务是，实现第一个百年奋斗目标，开启实现第二个百年奋斗目标新征程，朝着实现中华民族伟大复兴的宏伟目标继续前进。许多优秀的共产党员为了这个目标在平凡的岗位上作贡献，甚至牺牲了生命。

（一）"在照亮别人的同时，照亮我们自己"——邹碧华

邹碧华，1967 年 1 月出生，江西奉新人。1988 年 7 月参加工作。1999 年 5 月加入中国共产党。毕业于北京大学法律系经济法专业，法学博士，高级法官，华东政法大学、上海财经大学、上海对外经贸大学博士生导师，中国民法学研究会理事、上海市第九届青联委员、上海市劳动和社会保障学会劳动法专业委员会副主任。2006 年当选"上海市十大杰出青年""上海市十大优秀中青年法学家"。曾任上海市长宁区人民法院院长、上海市高级人民法院副院长等职务。2014 年 12 月 10 日下午，在赴徐汇区人民法院参加司法改革座谈会途中突发心脏病，经抢救无效去世。

2015 年 1 月 24 日，最高人民法院与中共上海市委联合召开命名表彰大会，追授邹碧华"全国模范法官""上海市优秀共产党员"荣誉称号。2015 年 3 月 2 日，中共中央组织部追授邹碧华"全国优秀共产党员"荣誉称号。3 月 3 日，中共中央宣传部追授其"时代楷模"荣誉称号。

2015 年 9 月 17 日，在"光荣力量·2015 感动上海年度人物"评选中，

邹碧华被评为"2015感动上海年度人物";2015年12月4日,在"宪法的精神·法治的力量——CCTV 2015年度法治人物"评选中,邹碧华被评为"2015年度致敬英雄";2016年2月1日,由中国搜索联合多家中央、地方重点新闻网站创意主办的"搜索中国正能量·点赞2015"大型网络宣传活动中,邹碧华被评为"精彩中国·感动人物"。

学者型法官。在邹碧华的家中,书房是最特殊的地方。书柜从天花板一直到地上,每一格都挤满了书。房里有几千本书,就连桌子底下也堆满了书,而其中绝大多数都是法律书籍。邹碧华每天回家待的时间最长的地方也是这里。对知识如饥似渴,是妻子唐海琳对邹碧华的评价。他去美国做了一年访问学者,回来时运回了几大箱复印资料。唐海琳曾多次尝试晚上陪他一起"秉烛夜读"熬一熬,但都没能熬过来,凌晨两三点钟休息是常事。邹碧华在中央党校学习期间,去北京西单图书大厦买了一大堆书回学校看,每天晚上练习写毛笔字,每周两次坐地铁去培训学校学日语。学日语是为了看懂日本法律书。

一颗真诚的"同理心"。"我们要有一颗同理心,做法官也好,做调解员也好,一定要有这种情怀。"邹碧华常常在上课时对法官们说:"只有具备了同理心,你才能设身处地地替他考虑问题,替他去设想各种方案,动用你的全部智慧帮他解决问题。"

做一个有良心的法官。邹碧华第一次把当上法官的消息告诉远在江西老家的母亲时,只有小学文化程度的母亲再三叮嘱他,一定要做一个有良心的法官。"做一个有良心的法官。"母亲的这句话,成了他一生的追求,一辈子的坚守。

勇于担当的改革奋楫者。47岁的邹碧华去世前最牵挂的是司法改革。2014年6月,上海被中央确定为全国首批司法体制改革试点地区之一。此前,邹碧华参与研究制定了最高法"审判权力运行机制改革试点""司法公开平台建设改革试点"等方案。这一次,推进司法改革的重担再次落在邹碧华肩头。邹碧华参与主持起草了《上海法院司法改革试点工作实施方案》，先后召开了 15 次座谈会，历经 34 稿。法官员额制是此轮司法改革的"牛鼻子"，也是最难啃的"硬骨头"。法官比例压缩至33%，意味着有一批现任法官进不了法官序列。怎么改？邹碧华力主避免两个"一刀切"——不按资历、行政级别"一刀切"，要科学考核，给年轻人留机会；高院、中院、基层法院的法官比例不能"一刀切"，要给一线法官更多机会；要让真正有能力、有水平、能办案的法官进入员额中来。他提出："改革这种事情一直是一点一点往前拱的，每次能有一点点进步就是成功！"邹碧华提出的许多改革建议和方案都具有很强的可操作性，它们都是建立在大量数据分析基础上的，不是理念的堆砌，是用事实说话。

邹碧华是一位为司法事业鞠躬尽瘁、死而后已、法制建设"燃灯者"。他不计毁誉敢于担当，坚定信念勇毅前行。作为上海司法改革的操盘手，将担当看作改革者必须经历的修行。他拿出政治勇气坚定不移地干，敢担责任，敢啃硬骨头。这是一种不怕风险、迎难而上的精神，更是一种对党忠诚、对人民高度负责的精神。正如习近平总书记批示指出的那样，邹碧华同志是新时期公正为民的好法官、敢于担当的好干部。他崇法尚德，践行党的宗旨、捍卫公平正义，特别是在司法改革中，敢啃硬骨头，甘当"燃灯者"，生动诠释了一名共产党员对党和人民事业的忠诚。广大党员干部特别是政法干部要以邹碧华同志为榜样，在全面深化改革、全面依法治国的征程中，坚定理想信念，坚守法治精神，忠诚敬业、锐意进取、勇于创新、乐于奉献，努力作出无愧于时代、无愧于人民、无愧于历史的业绩。

（二）"新时代的工人，要有新形象和新作为"——许振超

许振超，中共党员，山东省青岛港前湾集装箱码头有限责任公司高

级固机经理。许振超参加工作 30 多年来，以"干就干一流，争就争第一"的精神，立足本职，务实创新，干一行，爱一行，精一行。他自学成才，苦练技术，练就了"一钩准""一钩净""无声响操作"等绝活，并模范地带出了"王啸飞燕""显新穿针""刘洋神绳"等一大批具有社会影响力的工作品牌。他带领团队按照"泊位、船时、单机"三大效率的标准要求，深入开展比安全质量、比效率、比管理、比作风的"四比"活动，先后六次打破集装箱装卸世界纪录，"振超效率"令世人赞叹，将"振超精神"名扬四海。"10 小时保班"服务品牌为顾客提供了超值服务，吸引了全球各大船运公司纷纷在青岛港上航线、换大船。2006 年，青岛港集装箱达到 770.2 万标准箱，位列世界第 11 强。2005 年 4 月，许振超被全国总工会评为全国劳动模范。2009 年，被评选为"100 名为新中国建设作出贡献的优秀模范人物"之一。

许振超经常讲：我当不了科学家，但可以有一身的"绝活儿"。这些"绝活"可以使我成为一名能工巧匠，这是时代和港口所需要的。就是凭借着这样的一种信念，许振超"技术口袋"里的"绝活"愈来愈多了。

一是"无声响操作"。这是许振超创造的集装箱在装卸过程中的一项绝活。偌大的集装箱放入铁做的船上或车中，居然做到了铁碰铁，不出响声，这是许振超的一门"绝活"。这种操作法可以最大限度地降低集装箱、船舶的磨损，尤其是降低吊具的故障率，提高工作效率。

二是"一钩准"。这是许振超创造的开门机时的一种绝活。集装箱上有 4 个锁孔，从几十米高的桥吊上看下去，很难分辨，更别说在空中摆荡的吊具放下去，一次把锁眼都对齐，把集装箱抓牢靠了。但是，许振超和他的队友们就是做到了。许振超练成"一钩准"的诀窍是，钩头起吊平稳，钢丝绳走"一条线"。他的大徒弟张显新操作起来，轻松自如，一钩一个准。他笑着说："我练了 1 年才练出来的。"

三是"一钩净"。这是许振超创造的钩起集装箱内东西时不撒漏的绝活。在青岛港开吊车的司机，都知道一个"四稳"的口诀：就是在舱内起钩要稳，旋转时要稳，落钩时要稳和变幅时要稳。但要协调做到这四个方面很不容易。特别是落钩，操作不好就会造成货物撒漏。如何能做到不让货物撒出来？许振超开始练习，练了半年后，做到了吊具一钩下去，一点不撒，他把这种技术起名为"一钩净"。抓粮食时，吊具一个抓斗重10吨。要准确地把抓起来的10吨粮食装入长12.5米，宽2.7米的车厢，很不容易。因为吊车的抓斗伸张开有3.4米，比车厢要宽。许振超就反复练习，琢磨抓斗的嘴张多大正合适，终于找出了恰当尺寸。铁路运粮食时，对装车的标准要求很严格，粮食要在车厢内打个尖，高出车厢80公分，码头工人称其为"龙骨"。打这个"龙骨"很难，坡度要合适，坡面要平滑，盖上篷布后，才能不存雨水。许振超用他的"一钩净"把这些问题给解决了。

四是"二次停钩"。这是许振超创造的桥吊集装箱刚离地和快落地的一刹那放慢速度的绝活。许振超在工作中发现，桥吊作业中最容易出现安全问题的环节就是箱子一起一落的时候。为了避免发生类似问题，他要求桥吊队每名司机在吊箱时都要做一次"二次停钩"。这样做虽然使每次操作时间多了几秒钟，但杜绝了事故隐患，最终提高了生产效率。如今，"二次停钩"已经被桥吊司机们广泛应用。

五是"无故障运行"。这是许振超创造的另一个绝活。结合青岛港口的实际，许振超提出了一个核心班轮保班作业"一二三"工作法。"一"就是"一个目标"：桥吊呈现无故障运行；"二"就是"两个制度"：凡是保班作业，一要实行技术主管昼夜值班制，二是出现突发故障15分钟排除制度；三是"三个事先"：对于桥吊，保班作业前技术主管要事先检修一遍，事先掌握船舶技术资料、作业箱量，事先动员。功夫不负有心人，他们实现了保班作业无故障运行的目标。之后，他们又在全国沿海港口率先实现了"核心班轮保班全部100%"的目标。

习近平总书记指出:"我们所处的时代是催人奋进的伟大时代,我们进行的事业是前无古人的伟大事业,我们正在从事的中国特色社会主义事业是全体人民的共同事业。全面建成小康社会,进而建成富强民主文明和谐的社会主义现代化国家,根本上靠劳动、靠劳动者创造。"①党的十九大提出弘扬劳模精神和工匠精神,这是对产业工人的新要求。说到新时期产业工人的代表,大家一定会想到许振超。许振超对工作极端负责、对技术精益求精的精神,充分体现了许振超立足本职、务实创新的革命干劲,充分体现了许振超"干就干一流,争就争第一"的思想境界。"新时代的工人,要有新形象和新作为。"许振超说,党的十九大报告提出,要弘扬劳模精神和工匠精神,营造劳动光荣的社会风尚和精益求精的敬业风气,体现了新时代对产业工人的需求。他表示,自己及团队所取得的成绩,很大程度上依靠技术、装备的进步,我国的装备和技术仍有很大的改善空间,新时代需要产业工人敢创新、能担当,呼唤工匠精神。进入新时代,码头工人不仅要有新作为、新面貌,要坚定理想信念,讲担当,全身心地投入到工作当中,更要把十九大精神真真正正地落在实处,"有理想信念、懂技术、会创新、讲奉献、能担当,确实需要码头工人转变观念,不能每天只是重复地工作,要从心里对工作产生感情,当成一种事业来干"。

(三)"不要怕犯错误,责任由我担"——廖俊波

廖俊波,1968 年 8 月出生,福建浦城人,1990 年 8 月参加工作,1992 年 7 月加入中国共产党,中央党校研究生学历。曾任福建省南平市委常委、常务副市长、武夷新区党工委书记。2017 年 3 月 18 日傍晚,

---

① 习近平:《在庆祝"五一"国际劳动节暨表彰全国劳动模范和先进工作者大会上的讲话》,《人民日报》2015 年 4 月 29 日。

廖俊波出差途中遭遇车祸，经抢救无效因公殉职，年仅49岁。

廖俊波出身于普通家庭，南平师专毕业后当过中学老师、乡镇干部，在县乡两级做过主要领导，在产业园区等经济建设主战场经过磨砺，工作勤奋努力，多次对家人讲，"组织给了我这么高的荣誉，唯有加倍努力，才能报答党的厚爱和人民的信任"。廖俊波对群众充满感情，始终惦记着群众的冷暖安危。在政和县工作的几年，在群众最关切的脱贫攻坚、教育医疗、基础设施等方面都交出了一份出色答卷，全县贫困人口减少了3万多，脱贫率达69.1%。他把群众当亲人，用心用情为群众办实事、解难事，用自己的"辛勤指数"换来群众的"幸福指数"。短短4年，政和县山乡巨变，财政总收入、GDP、固定资产投资、规模以上工业产值等都实现了极大的增长，一个全新的生机勃勃的政和展现在人们面前。

廖俊波干的都是"背石头上山"的重活累活，需要比别人付出更多的艰辛和努力。但他始终把工作当事业干，乐在其中，总有使不完的劲。在政和县任职期间，他创造了在传统农业县建起省级工业园区的"政和速度"。离开政和县时，全县财政总收入翻了两番多，连续3年进入全省县域经济发展"十佳"，实现了贫困县脱胎换骨的蜕变。他敢于担当、勇于创新，经常鼓励干部："只要是为了发展、为了群众就大胆去干，有责任我来担。"廖俊波把"肝胆干事、干净做人"作为座右铭。只要"朋友关系"、不要"利益关系"，是他做人和交友的原则。他到武夷新区任职后公开表态："谁要是打着我的旗号搞工程，你们要马上拒绝，我没有这样的亲戚！"生活中，他始终廉洁自守，加班熬夜是常态，却从不给自己开小灶。他十分注重家风家教，爱人工作27年，至今仍然在教学第一线。一家人都住在普通居民楼里，家中装修简朴、陈设简单。同事和朋友们都说，他浑身阳光、清澈透亮，满满的都是正能量。

2017年6月6日，中共中央追授廖俊波同志"全国优秀共产党员"称号；20日，中宣部追授廖俊波"时代楷模"荣誉称号，廖俊波还荣获全国优秀县委书记、全国优秀共产党员等称号。2018 年 3 月 1 日，廖俊波荣膺感动中国 2017 年度人物。

他没有惊天动地之举，但在平凡的工作中细致入微、关爱民情；他不求个人名利得失，却披肝沥胆，一心创业谋实；他不擅夸夸其谈，唯有持之以恒地践行自己的理念，兑现对党和人民的庄严承诺。廖俊波入党 25 年来，始终坚定信念、不忘初心，对党和人民无限忠诚，在每一个工作岗位上都倾心尽力为党和人民事业奋斗。"只要为了南平的发展和群众利益，不要怕犯错误，责任由我担。"他当事不推责、遇事不避难，时刻想着如何让老区人民尽快脱贫增收，常年奔忙在项目建设、园区开发、脱贫攻坚工作一线，从不利用权力、地位为自己和亲属谋取私利，以良好的形象和口碑赢得了党员、干部和群众的广泛赞誉。他用勤奋、实干、严谨描绘出一幅幅美丽的画卷，成为新时期共产党人的楷模。2017 年 3 月 31 日，习近平总书记对廖俊波同志先进事迹作出重要指示强调，廖俊波同志任职期间，牢记党的嘱托，尽心尽责，带领当地干部群众扑下身子、苦干实干，以实际行动体现了对党忠诚、心系群众、忘我工作、无私奉献的优秀品质，无愧于"全国优秀县委书记"的称号，广大党员、干部要向廖俊波同志学习，不忘初心、扎实工作、廉洁奉公，身体力行地把党的方针政策落实到基层和群众中去，真心实意为人民造福。新时代，新征程，新使命，新跨越，广大党员要以党的十九大精神为指引，怀着永不褪色的初心、勇于担当的精神，在这片热土上开拓新的春天。

第七章
一面公开树立起来的旗帜

恩格斯曾说："一个新的纲领毕竟总是一面公开树立起来的旗帜，而外界就根据它来判断这个党。"[①]中国共产党的纲领和基本路线，是党在最高纲领的指导下，为实现最高纲领而根据一定时期的形势特点所制定的党在这一时期的总路线、总方针、总政策，也是党在这一时期需要完成的总任务以及完成任务的主要方法和举措。《中国共产党章程》明确规定："中国共产党在社会主义初级阶段的基本路线是：领导和团结全国各族人民，以经济建设为中心，坚持四项基本原则，坚持改革开放，自力更生，艰苦创业，为把我国建设成为富强民主文明和谐美丽的社会主义现代化强国而奋斗。"

①《马克思恩格斯书信选集》，人民出版社 1962 年版，第 326 页。

一、毛泽东为中央党校题词

中央党校是专门培养党的中高级干部的学校，其教学方法是理论联系实际，通过研究马列主义理论，解决中国革命的实际问题。1943年，为了给学员们创造更好的学习环境，中央党校修建了一座占地1200平方米、可容纳千余人的大礼堂。礼堂将要竣工时，总觉得少点什么，有人提议在礼堂正面挂个题词。大家想到请范文澜老先生给礼堂题词。范老接受邀请后，试着写了几条，都觉得不太合适，连自己也不满意，于是提议去找毛泽东。毛泽东欣然接受了党校同志的请求，叫人拿来四张二尺见方的麻纸，秉笔沉思片刻，蘸墨挥毫，写下"实事求是"四个大字。

坚持实事求是，就必须坚持一切从实际出发。历史经验表明，坚持实事求是，党就能够形成符合客观实际、体现发展规律、顺应人民意愿的正确的路线方针政策，党和人民事业就能够不断取得胜利；反之，离开了实事求是，党和人民事业就会受到损失甚至严重挫折。坚持实事求是的重要表现就是要正确认识我们的国情和发展阶段，早在民主革命时期，毛泽东就指出："认清中国的国情，乃是认清一切革命问题的基本的根据。"[①]社会主义初级阶段理论是在总结第一个社会主义国家建立以来的历史发展，特别是中国社会主义建设曲折发展的历史经验和教训的基础上逐步形成的。马克思主义创始人在科学分析资本主义发展规律的基础上对未来社会发展阶段提出过一些原则性的设想，认为未来社会大体要经历从资本主义社会到共产主义社会的革命转变时期、共产主义社会

---

① 中央文献研究室编：《毛泽东传》第2册，中央文献出版社2011年版，第568页。

的第一阶段、共产主义社会的高级阶段。列宁认为，在经济落后的俄国，只能建成"初级形式的社会主义"，而不能立即建成"发达的社会主义"。

我国社会主义制度确立后，毛泽东在 1956 年 1 月召开的知识分子问题会议上提出了我国的社会主义社会已经进入、尚未完成的思想。后来，他又明确地指出，我国社会主义制度只是"刚刚建立"，还没有"完全建成"，但由于没有足够的经验使我们对社会主义建设和发展的规律具有很清楚的认识，因此，关于社会主义发展阶段的思想没有能够得到坚持和进一步发展。在 1958 年的"大跃进"和人民公社化运动中，由于对社会主义发展阶段认识的不科学和对社会生产力发展速度作出严重错误的估计，又产生了"共产主义在我国的实现，已经不是什么遥远将来的事情了"的盲目乐观情绪。20 世纪 50 年代末 60 年代初，毛泽东意识到了在中国建设社会主义的艰巨性、复杂性和长期性。他在读苏联《政治经济学教科书》时提出了一个重要的观点，他认为："社会主义这个阶段，又可能分为两个阶段，第一个阶段是不发达的社会主义，第二个阶段是比较发达的社会主义。后一阶段可能比前一阶段需要更长的时间……在我们这样的国家，完成社会主义建设是一个艰巨任务，建成社会主义不要讲得过早了。"[1]但是，20 世纪 60 年代党的指导思想方面"左"的倾向不断发展，进而把对社会主义理解为"从资本主义社会到共产主义社会的革命转变时期"，中断了探索我国社会主义发展阶段的正确之路。

党的十一届三中全会以后，在总结新中国成立以来历史经验和改革开放以来新的实践经验的基础上，党对我国社会主义所处的历史阶段进行了新的探索，逐步作出了我国还处于并将长期处于社会主义初级阶段的科学论断，准确地把握了我国的基本国情。我们在任何情况下都要牢牢把握社会主义初级阶段这个最大国情，推进任何方面的改革发展都要

①《毛泽东文集》第 8 卷，人民出版社 1999 年版，第 116 页。

牢牢立足社会主义初级阶段这个最大实际。中国特色社会主义进入新时代，中华民族迎来了从站起来、富起来到强起来的伟大飞跃。在这个令人振奋、催人奋进的历史背景下，党的十九大郑重重申，我国仍处于并将长期处于社会主义初级阶段的基本国情没有变。

（一）社会主义初级阶段的基本含义

1981 年由邓小平主持制定并经党的十一届六中全会通过的《关于建国以来党的若干历史问题的决议》，第一次提出了"我们的社会主义制度还是处于初级的阶段"。1982 年 9 月 1 日，党的十二大报告重申了这一提法，指出："我国已经发展到建立起作为共产主义社会初级阶段的社会主义社会。"1986 年 9 月 28 日，党的十二届六中全会通过的《关于社会主义精神文明建设指导方针的决议》再次提出："我国还处在社会主义的初级阶段。"并对这一提法进行了说明。1987 年 10 月 25 日，党的十三大报告对社会主义初级阶段的理论作了全面阐述。

社会主义初级阶段，八个大字，两层含义。第一层含义指明了我国现阶段的社会性质。就社会性质来讲，我国已经是社会主义社会，已经建立了社会主义的基本制度，具有社会主义社会的基本特征，具体表现为：以生产资料公有制为基础的社会主义经济制度、人民民主专政的社会主义政治制度和马克思主义在意识形态领域中的指导地位已经确立，剥削制度和剥削阶级已经消灭，国家经济实力有了巨大增长，教育科学文化事业有了相当发展。这是对我国社会制度的基本性质的基本界定。第二层含义指明了现阶段我国社会主义社会的发展程度。从社会发展程度来说，现阶段我国的社会主义制度还不成熟、不完善，还只是处于初级阶段，具体表现为：人口多、底子薄，人均国民生产总值仍居于世界后列。突出的景象是：10 亿多人口，8 亿在农村，基本上还是用手工工具搞饭吃；一部分现代化工业同大量落后于现代水平几十年甚至上百年的工业同时存在；一部分经济比较发达的地区同广大不发达地区和贫困地区同时存在；少量具有世界先进水平的科学技术同普遍的科技水平不高，文盲半文盲还占人口近 1/4 的状况同时存在。生产力的落后决定了在生产关系方面，发展社会主义公有制所必需的生产社会化程度还很低，商品经济和国内市场很不发达，自然经济和半自然经济占相当比重，社会主义经济制度还不成熟不完善；在上层建筑方面，建设高度社会主义民主政治所必需的一系列经济文化条件很不充分，封建主义、资本主义腐朽思想和小生产习惯势力在社会上还有广泛影响，并且经常侵袭党的干部和国家公务员队伍。这种状况说明，我们今天仍然远没有超出社会主义初级阶段。这是党的十三大对我国社会主义社会的发展程度和发展水平的总认识和总判断，也是党的十三大提出社会主义初级阶段理论的基本立论依据。随着我国经济社会的发展，特别是进入新时代以来，上述有关社会主义初级阶段的基本特征有些已经发生了变化，但总的来看，所变的只是量的变化，而不是质的变化。

（二）我国社会主义初级阶段具有长期性和必然性

按照我们党的权威认识，我国社会主义初级阶段的起点是从 20 世纪 50 年代末生产资料私有制的社会主义改造基本完成，其终点到 21 世纪中叶。这就是说，这上百年的时间都属于社会主义初级阶段。我们要充分认识我国社会主义初级阶段的长期性和必然性。究其原因主要表现为以下几个方面。

一是由我国建设社会主义的历史前提条件决定的。马克思、恩格斯曾经设想，无产阶级社会主义革命首先是在几个主要发达资本主义国家同时取得胜利，因而他们设想的社会主义的起点是发达资本主义，是在高度发达的社会生产力的基础上进行社会主义建设的。然而从我国现实情况来看，我国原来是一个半殖民地半封建的大国。从近代以来到社会主义制度的确立这 100 多年，经过各派政治力量的反复较量，经过旧民主主义革命的多次失败和新民主主义革命的最终胜利，证明了资本主义道路在中国走不通，唯一的出路是在共产党的领导下推翻帝国主义、封建主义、官僚资本主义的反动统治，走社会主义道路。但是，也正因为我们的社会主义是脱胎于半殖民地半封建社会的，生产力水平远远落后于发达的资本主义国家，在经济上以自然经济、半自然经济为主，没有经过商品经济的充分发展，生产力水平极其低下。因此，我国进入社会主义的历史起点比马克思和恩格斯设想的社会主义起点要低得多。这一低起点就决定了我国在建立社会主义制度以后，必然要经历一个很长的初级阶段，去实现资本主义国家早已实现了的工业化和经济的社会化、市场化、现代化，这是一个不可逾越的历史阶段。

二是由我国经济社会的发展状况决定的。自新中国成立以来，特别是党的十一届三中全会以来，社会生产力有了较大的发展，经济实力有了巨大的增长，科学教育文化事业有了相当发展，综合国力日益增强，国际地位日益提高。但是从总体上看，我国人口多，底子薄，地区发展不平衡，生产力不发达的状况还没有根本改变，社会主义的物质技术基础还不雄厚；社会主义经济制度还不完善，社会主义市场经济体制还不成熟，国民经济市场化的程度还不高；社会主义民主法治不够健全，民主的法律化建设尚存不足，有法不依、执法不严、执法犯法现象大量存在；封建主义、资本主义腐朽思想和小生产习惯势力还有相当影响，"左"的思想流毒仍然存在，僵化思想依然严重，科学教育文化的发展水平与我国社会、经济发展的需要还不相适应等。这一基本国情就决定了社会主义初级阶段的长期性和艰巨性。

三是由现代化建设任务的艰巨性决定的。党的十三大指出：我国社会主义初级阶段，是逐步摆脱贫穷、摆脱落后的阶段；是由农业人口占多数的手工劳动为基础的农业国，逐步变为非农产业人口占多数的现代化的工业国的阶段；是由自然经济半自然经济占很大比重，变为商品经济高度发达的阶段；是通过改革和探索，建立和发展充满活力的社会主义经济、政治、文化体制的阶段；是全民奋起，艰苦创业，实现中华民族伟大复兴的阶段。这既说明了我国社会主义初级阶段的基本特点，也说明了在社会主义初级阶段我们所要完成的基本任务。因此，总结起来说，社会主义初级阶段是一个逐步摆脱不发达状态，基本实现社会主义现代化的历史阶段。现代化是一个动态的概念，是一个历史发展的世界性概念。现代化的标准是随着科学技术和生产力水平的发展而不断变化和发展的，因而不同的历史时期，现代化的内容是不相同的。社会主义初级阶段的历史进程和中国基本实现现代化的历史进程，至少需要100年时间，至于巩固和发展社会主义制度，还需要更长更多的时间，需要几代人、十几代人，甚至几十代人坚持不懈地努力奋斗。

总之，党的基本路线，就是立足于我国社会主义初级阶段的基本国情而制定的党在整个社会主义初级阶段的总任务、总方针、总政策，只要我国社会主义初级阶段的基本国情没有变，党的基本路线就不能动摇、不能改变。因此，我们必须立足社会主义初级阶段这个最大的实际，科学分析我国全面参与经济全球化的新机遇新挑战，全面认识工业化、信息化、城镇化、市场化、国际化深入发展的新形势新任务，深刻把握我国发展面临的新课题新矛盾，更加自觉地走科学发展道路，奋力开拓中国特色社会主义更为广阔的发展前景。

二、"基本路线要管一百年，动摇不得"

20世纪80年代末90年代初，国际国内形势发生巨大变化。复杂的形势使相当一部分干部和群众的思想产生困惑。一些人对社会主义前途缺乏信心，对党的基本路线有所怀疑和动摇。那么，中国社会主义的巨轮该驶向何处？1992 年 1 月 18 日至 2 月 21 日，邓小平先后视察武昌、深圳、珠海、上海等地。视察中，他多次发表谈话强调，要坚持党的十一届三中全会以来的路线、方针、政策，关键是坚持"一个中心、两个基本点"。不坚持社会主义，不改革开放，不发展经济，不改善人民生活，只能是死路一条。基本路线要管一百年，动摇不得。只有坚持这条路线，人民才会相信你，拥护你。谁要改变三中全会以来的路线、方针、政策，谁就会被打倒。

毛泽东曾说过："政策和策略是党的生命。"[1]党的基本路线就是总的政治路线，党的政治路线决定着政策和策略。党在社会主义初级阶段的基本路线是决定党和国家前途命运的生命线。40 多年来，我们党之所以能够领导和团结全国人民，克服重重困难，经受风险考验，实现政治社会稳定、经济快速发展，最根本的是因为任何时候，特别是在关键时候始终没有偏离"一个中心、两个基本点"的基本路线，这是我们党最可宝贵的经验。

（一）党在社会主义初级阶段基本路线的提出和发展

党在社会主义初级阶段的基本路线的制定，经历了一个由酝酿、提出到不断完善和发展的过程。1978 年党的十一届三中全会在认真总结我国社会主义建设基本经验的基础上，确定了党和国家的工作中心是经济建设，从而实现了由"以阶级斗争为纲"向以经济建设为中心的社会主义建设战略的根本性转移，把全党工作的重点和全国人民的注意力转移到社会主义现代化建设上来。

同时，党的十一届三中全会还提出了要把改革开放作为经济建设的动力的问题。党的十一届三中全会公报指出：实现四个现代化，要求大

---

①《毛泽东选集》第 4 卷，人民出版社 1991 年版，第 1298 页。

幅度地提高生产力，也就必然要求多方面地改变同生产力发展不适应的生产关系和上层建筑，改变一切不适应的管理方式、活动方式和思想方式，因而是一场广泛、深刻的革命。在自力更生的基础上积极发展同世界各国平等互利的经济合作，努力采用世界先进技术和先进设备。

党的十一届三中全会所确定的以经济建设为中心取代"以阶级斗争为纲"以及改革开放进程，必然引起人们思想上的巨大震动。于是有的人借口坚持马克思列宁主义、毛泽东思想，对改革开放不理解，甚至认为改革开放就是搞"非毛化"，就是走资本主义道路，就会葬送社会主义，就会瓦解党的执政地位；也有的人借口改革开放，大搞资产阶级自由化，丑化共产党，攻击社会主义，美化资本主义。面对这种情况，1979年1月，中央召开了理论工作务虚会。就是在这次会议上，邓小平作了题为《坚持四项基本原则》的报告。邓小平指出：过去搞民主革命，要适合中国情况，走毛泽东同志开辟的农村包围城市的道路。现在搞建设，也要适合中国情况，走出一条中国式的现代化道路。我们要实现四个现代化就必须在思想政治上坚持四项基本原则。这是实现四个现代化的根本前提。这四项基本原则是：必须坚持社会主义道路；必须坚持无产阶级专政；必须坚持党的领导；必须坚持马列主义、毛泽东思想。

至此，党的基本路线"一个中心、两个基本点"的核心以及实现四个现代化的目标，都已经十分明确了。

随着我们党对于共产党执政规律、社会主义建设规律以及人类社会发展规律的研究和认识的不断发展，人民群众对社会主义现代化建设的要求日益扩展，对党的基本路线的内涵不断进行丰富和发展，其最突出地表现在党的十九大上。党的十九大通过的党章指出：中国共产党在社会主义初级阶段的基本路线是：领导和团结全国各族人民，以经济建设为中心，坚持四项基本原则，坚持改革开放，自力更生，艰苦创业，为把我国建设成为富强民主文明和谐美丽的社会主义现代化强国而奋斗。

（二）党的基本路线的基本要点

把握党的基本路线的基本内涵，关键是应当牢牢把握住党的基本路线的核心——"一个中心、两个基本点"。"一个中心"即以经济建设为中心，"两个基本点"即坚持四项基本原则，坚持改革开放。我们之所以要牢牢把握"一个中心、两个基本点"，是因为这是党的基本路线的核心，也是我们的主要经验。把握住了这个核心，就把握住了党在社会主义初级阶段的基本路线的主要内容，就能实现党的基本路线确定的奋斗目标。党的基本路线是相互贯通、相互依存、不可分割的统一整体，须臾不可偏离、丝毫不可偏废，必须全面坚持、一以贯之。

以经济建设为中心是兴国之要，是我们党、我们国家兴旺发达和长治久安的根本要求。马克思主义唯物史观早已昭示的一个真理就是：人类社会是一个自然历史过程，存在着决定其发展的不可违背的内在规律。其中，生产力是社会发展的最终决定力量，即人类社会发展的根本在于生产力的解放和提高。相应地，一个具有优越性的社会应该是更有利于生产力解放与发展的社会；一个具有先进性的政党应当是能够解放和促进生产力发展的政党。因此，社会主义的根本任务就是解放和发展生产力，我们党的一切奋斗归根到底都是为了解放和发展生产力。中国共产党在领导中国特色社会主义事业中，必须坚持以经济建设为中心，其他各项工作都服从和服务于这个中心。要抓紧时机，加快发展，实施科教兴国战略、人才强国战略和可持续发展战略，充分发挥科学技术作为第一生产力的作用，依靠科技进步，提高劳动者素质，促进国民经济又好又快发展。

四项基本原则是立国之本，是我们党、我们国家生存发展的政治基石。四项基本原则的每一项都有自身特定的内涵。坚持社会主义道路，实质上就是把马克思主义同中国具体实际相结合，坚定不移地走中国特色社会主义道路。坚持人民民主专政，实质上就是进一步发展社会主义民主政治，建设社会主义法治国家。坚持共产党的领导，实质上就是坚持党在建设中国特色社会主义事业中的领导核心地位，发挥党总揽全局、协调各方的作用。坚持马克思主义，实质上就是坚持马克思主义的指导地位，并在实践中不断丰富和发展马克思主义，具体而言就是坚持中国特色社会主义理论体系。同时，四项基本原则在整个中国特色社会主义伟大事业中又是互相联系、不可分割的有机整体。这主要体现于：社会主义道路是我们事业发展的根本方向，人民民主专政是我们事业不断胜利的政治保证，共产党的领导是我们事业的核心力量，马克思主义是我们事业的根本指导思想。否定了其中任何一方面，就否定了其他方面，也否定了整个中国特色社会主义事业。

改革开放是强国之路，是我们党、我们国家发展进步的活力源泉。中国共产党始终强调：改革开放是决定当代中国命运的关键抉择，是发展中国特色社会主义、实现中华民族伟大复兴的必由之路。只有社会主义才能救中国，只有改革开放才能发展中国、发展社会主义、发展马克思主义。1992年，邓小平在南方谈话中说："不坚持社会主义，不改革开放，不发展经济，不改善人民生活，只能是死路一条。"[1] 2013年，在党的十八届三中全会上，习近平总书记指出："从党的十一届三中全会作出把党和国家工作重心转移到经济建设上来，实行改革开放的历史性决策以来，中国人民的面貌、社会主义中国的面貌、中国共产党的面貌能发生如此深刻的变化，我国能在国际社会赢得举足轻重的地位，靠的就是坚持不懈推进改革开放。"[2] 总之，改革开放符合党心民心、顺应时代潮

---

[1]《邓小平文选》第3卷，人民出版社1993年版，第370页。
[2]《中国共产党第十八届中央委员会第三次全体会议公报》，人民出版社2013年版，第20页。

流，方向和道路是完全正确的，成效和功绩不容否定，停顿和倒退没有出路。社会主义作为一种制度，它的基本制度是优越的，但是迄今为止体现基本制度的具体制度还不完善，必须进行改革。不改革，社会主义就不能继续前进。社会主义国家的革命和建设事业，主要依靠本国人民自力更生、艰苦奋斗。但是，自力更生并不是盲目排外，更不等于闭关自守。坚持自力更生，同时也主张对外开放，主张进一步扩大对外经济技术交流。关起门来搞建设是不能成功的。不采取对外开放的方针，就不能迅速改变我国经济技术落后的状况，也就不能把中国建设成为世界上先进的社会主义现代化国家。因此，对外开放是中国坚定不移的战略方针，是一项必须长期坚持的基本国策。

需要强调的是，要坚持把以经济建设为中心同四项基本原则、改革开放这两个基本点统一于建设和发展中国特色社会主义的伟大实践，任何时候都决不能动摇。形象地说，"经济建设"这"一个中心"和"坚持四项基本原则、坚持改革开放"这"两个基本点"，就如同一架大型战斗机的"一体"与"两翼"。没有"一体"就无所谓战斗机，"两翼"自然也就没有任何作用；没有"两翼"，"一体"也就不能飞起来，战斗机自然也就不能战斗。还需要强调的是，坚持四项基本原则和坚持改革开放这两个基本点，也是相互贯通、相互依存的。不能以僵化的观点看待四项基本原则，否则就会怀疑以至否定改革开放的总方针；也不能以自由化的观点看待改革开放，否则就会离开社会主义轨道。总之，在整个社会主义初级阶段，我们必须坚持以经济建设为中心，坚持四项基本原则，坚持改革开放，才能使我们党团结和带领全国各族人民，把我国建设成为富强民主文明和谐美丽的社会主义现代化强国。

（三）正确认识党在社会主义初级阶段的基本纲领

党在社会主义初级阶段的基本纲领就是党在社会主义初级阶段的基

本路线在经济、政治、文化、社会和生态文明等方面的展开，是建设中国特色社会主义的基本目标和基本政策。

中国共产党领导人民发展社会主义市场经济。毫不动摇地巩固和发展公有制经济，毫不动摇地鼓励、支持、引导非公有制经济发展。发挥市场在资源配置中的决定性作用，更好发挥政府作用，建立完善的宏观调控体系。统筹城乡发展、区域发展、经济社会发展、人与自然和谐发展、国内发展和对外开放，调整经济结构，转变经济发展方式，推进供给侧结构性改革。促进新型工业化、信息化、城镇化、农业现代化同步发展，建设社会主义新农村，走中国特色新型工业化道路，建设创新型国家和世界科技强国。

中国共产党领导人民发展社会主义民主政治。坚持党的领导、人民当家作主、依法治国有机统一，走中国特色社会主义政治发展道路，扩大社会主义民主，建设中国特色社会主义法治体系，建设社会主义法治国家，巩固人民民主专政，建设社会主义政治文明。坚持和完善人民代表大会制度、中国共产党领导的多党合作和政治协商制度、民族区域自治制度以及基层群众自治制度。发展更加广泛、更加充分、更加健全的人民民主，推进协商民主广泛、多层、制度化发展，切实保障人民管理国家事务和社会事务、管理经济和文化事业的权利。尊重和保障人权。广开言路，建立健全民主选举、民主决策、民主管理、民主监督的制度和程序。完善中国特色社会主义法律体系，加强法律实施工作，实现国家各项工作法治化。

中国共产党领导人民发展社会主义先进文化。建设社会主义精神文明，实行依法治国和以德治国相结合，提高全民族的思想道德素质和科学文化素质，为改革开放和社会主义现代化建设提供强大的思想保证、精神动力和智力支持，建设社会主义文化强国。加强社会主义核心价值体系建设，坚持马克思主义指导思想，树立中国特色社会主义共同理想，弘扬以爱国主义为核心的民族精神和以改革创新为核心的时代精神，培育和践行社会主义核心价值观，增强民族自尊、自信和自强精神，抵御资本主义和封建主义腐朽思想的侵蚀，扫除各种社会丑恶现象，努力使我国人民成为有理想、有道德、有文化、有纪律的人民。对党员要进行共产主义远大理想教育。大力发展教育、科学、文化事业，推动中华优秀传统文化创造性转化、创新性发展，继承革命文化，发展社会主义先进文化，提高国家文化软实力。牢牢掌握意识形态工作领导权，不断巩固马克思主义在意识形态领域的指导地位，巩固全党全国人民团结奋斗的共同思想基础。

中国共产党领导人民构建社会主义和谐社会。按照民主法治、公平正义、诚信友爱、充满活力、安定有序、人与自然和谐相处的总要求和共同建设、共同享有的原则，以保障和改善民生为重点，解决好人民最关心、最直接、最现实的利益问题，使发展成果更多更公平惠及全体人民，不断增强人民群众获得感，努力形成全体人民各尽其能、各得其所而又和谐相处的局面。加强和创新社会治理。严格区分和正确处理敌我矛盾和人民内部矛盾这两类不同性质的矛盾。加强社会治安综合治理，依法坚决打击各种危害国家安全和利益、危害社会稳定和经济发展的犯罪活动和犯罪分子，保持社会长期稳定。坚持总体国家安全观，坚决维护国家主权、安全、发展利益。

中国共产党领导人民建设社会主义生态文明。树立尊重自然、顺应自然、保护自然的生态文明理念，增强绿水青山就是金山银山的意识，坚持节约资源和保护环境的基本国策，坚持节约优先、保护优先、自然恢复为主的方针，坚持生产发展、生活富裕、生态良好的文明发展道路。着力建设资源节约型、环境友好型社会，实行最严格的生态环境保护制度，形成节约资源和保护环境的空间格局、产业结构、生产方式、生活方式，为人民创造良好生产生活环境，实现中华民族永续发展。

中国共产党坚持对人民解放军和其他人民武装力量的绝对领导，贯彻习近平强军思想，加强人民解放军的建设，坚持政治建军、改革强军、科技兴军、依法治军，建设一支听党指挥、能打胜仗、作风优良的人民军队，切实保证人民解放军有效履行新时代军队使命任务，充分发挥人民解放军在巩固国防、保卫祖国和参加社会主义现代化建设中的作用。

中国共产党维护和发展平等团结互助和谐的社会主义民族关系，积极培养、选拔少数民族干部，帮助少数民族和民族地区发展经济、文化和社会事业，铸牢中华民族共同体意识，实现各民族共同团结奋斗、共同繁荣发展。全面贯彻党的宗教工作基本方针，团结信教群众为经济社会发展作贡献。

中国共产党同全国各民族工人、农民、知识分子团结在一起，同各民主党派、无党派人士、各民族的爱国力量团结在一起，进一步发展和壮大由全体社会主义劳动者、社会主义事业的建设者、拥护社会主义的爱国者、拥护祖国统一和致力于中华民族伟大复兴的爱国者组成的最广泛的爱国统一战线。不断加强全国人民包括香港特别行政区同胞、澳门特别行政区同胞、台湾同胞和海外侨胞的团结。按照"一个国家、两种制度"的方针，促进香港、澳门长期繁荣稳定，完成祖国统一大业。

中国共产党坚持独立自主的和平外交政策，坚持和平发展道路，坚持互利共赢的开放战略，统筹国内国际两个大局，积极发展对外关系，努力为我国的改革开放和现代化建设争取有利的国际环境。在国际事务中，坚持正确义利观，维护我国的独立和主权，反对霸权主义和强权政治，维护世界和平，促进人类进步，推动构建人类命运共同体，推动建设持久和平、共同繁荣的和谐世界。在互相尊重主权和领土完整、互不侵犯、互不干涉内政、平等互利、和平共处五项原则的基础上，发展我国同世界各国的关系。不断发展我国同周边国家的睦邻友好关系，加强同发展中国家的团结与合作。遵循共商共建共享原则，推进"一带一路"

建设。按照独立自主、完全平等、互相尊重、互不干涉内部事务的原则，发展我党同各国共产党和其他政党的关系。

上述建设有中国特色社会主义的经济、政治、文化、社会和生态文明等方面的基本目标和基本政策，有机统一、不可分割，共同构成党在社会主义初级阶段的基本纲领。这个纲领的提出，使我们党在社会主义初级阶段的基本目标更加清晰明确，基本政策更具规范性和稳定性。牢牢把握和全面实施党的基本纲领，坚持党的基本路线，对夺取建设中国特色社会主义事业的新胜利，具有十分重大的意义。

三、一头醒来的雄狮

1814年，拿破仑一世被欧洲反法联军击败后，东山再起，于1815年组织30万大军向欧洲反法联军发动进攻，结果在滑铁卢遭到惨败。6月22日，拿破仑被迫退位，不久被英国军队押送到遥远的大西洋的圣赫勒拿岛监禁起来。1816年，英国贸易使臣阿美士德出使中国，商谈对华贸易，结果被嘉庆皇帝拒绝。1817年，一无所获的阿美士德准备回去请求英国王以武力敲开中国的大门。之后流传着这样一个故事，阿美士德回国途中，正好经过圣赫勒拿岛，当阿美士德听说这里正关押着名震世界的拿破仑一世时，阿美士德登门求见，并向拿破仑讲述了在中国的遭遇以及自己的想法。认为只有通过战争敲开中国的大门，才能使中国专制统治者明白打开国门对双方都有好处的道理。拿破仑对这个英国人的想法很不以为然："要同这个幅员辽阔，物产丰富的帝国作战会是世界上最大的蠢事。""你说你们可以用海上武力吓倒他们，借此迫使中国人服从欧洲礼仪。这是个疯狂的想法。你们绝对打错了算盘，如果这样你们会促使一个两亿人的国家武装起来，为了自卫去造舰队来对付你们。到最后不幸的结局是，你们国家每个有理智的人都会认为拒绝叩头是不明智的事。"接着又说出一句在中国广为传颂的名言:"中国并不软弱,它只不过是一只睡着了的狮子,这只狮子一旦被惊醒,全世界都将为之颤动。"

之后,"睡狮论""唤醒论"在中国流行起来,曾纪泽、梁启超等先后都有论述,许多著名文人如高燮、蒋观云等,都曾创作《醒狮歌》。邹容于1903年写成《革命军》,书末直将中国比作睡狮:"嗟夫!天清地白,霹雳一声,惊数千年之睡狮而起舞,是在革命,是在独立!"陈天华的《猛回头》(1903)中也有"猛狮睡,梦中醒,向天一吼,百兽惊,龙蛇走,魑魅逃藏"的表述。

然而,直到中国共产党带领中国人民取得革命胜利,这头睡狮才正式醒来。2014年3月,习近平主席在法国访问时提到,拿破仑说过,中国是一头沉睡的狮子,当这头睡狮醒来时,世界都会为之发抖。中国这只狮子已经醒了,但这是一只和平的、可亲的、文明的狮子。还指出,中国梦需要和平,只有和平才能实现梦想。在这里,习近平主席只是提到中国梦中的和平梦,其实中国梦的内涵是非常丰富的。有目标才有方向,有梦想才有动力。100多年来,中国共产党始终坚持最高理想和最终目标,并在此基础上根据各个历史时期的任务制定符合实际的纲领,才取得了今天的巨大成就。回顾近代以来的历史,可以看得很清楚。孙中山先生提出了"振兴中华"的口号并为之努力,但是没有找到出路。是中国共产党成立以后,领导人民经过不懈奋斗,才逐步使这个梦想变成现实。今天,我们已经实现了全面建成小康社会的目标,正朝着建设社会主义现代化强国的目标前进,中国这头可亲的东方雄狮已经醒来,并在康庄的大道上大步前进。正如《中共中央关于党的百年奋斗重大成就和历史经验的决议》所指出的,党的十九大对实现第二个百年奋斗目标作出分两个阶段推进的战略安排。从2020年到2035年基本实现社会主义现代化,从2035年到本世纪中叶把我国建成社会主义现代化强国。到那时,我国的物质文明、政治文明、精神文明、社会文明、生态文明将全面提升，实现国家治理体系和治理能力现代化，成为综合国力和国际影响力领先的国家，全体人民共同富裕基本实现，我国人民将享有更加幸福安康的生活，中华民族将以更加昂扬的姿态屹立于世界民族之林。

第八章
牛犇同志入党了

　　2018 年 5 月 31 日凌晨，窗外还没泛白。一整晚，每过一会儿，牛犇就要起身看一眼窗外。他自己也没有想到，入上影厂 67 年，入演员行 73 年，从未在大戏开拍的前夜紧张过，但这个晚上，83 岁的他睡不着。几个小时后，中共上海电影集团有限公司演员剧团支部党员大会召开，讨论牛犇的入党问题。中共上海电影集团有限公司演员剧团支部党员大会经过充分讨论，认为牛犇已经具备共产党员的条件，同意吸收其为预备党员。经无记名投票，一致同意吸收牛犇为预备党员。

　　当得知牛犇入党后，中共中央总书记习近平给他写了一封信。

牛犇同志：

　　你好！得知你在耄耋之年加入了中国共产党，实现了自己的夙愿，我为此感到高兴。

　　你把党当作母亲，把入党当成神圣的事情，60 多年矢志不渝追求进步，决心一辈子跟党走，这份执着的坚守令人感动。

几十年来，你以党员标准要求自己，把为人民创作作为人生追求，坚持社会效益至上，塑造了许多富有生命力、感染力的艺术形象，受到人民群众高度评价和充分肯定。希望你发挥好党员先锋模范作用，继续在从艺做人上作表率，带动更多文艺工作者做有信仰、有情怀、有担当的人，为繁荣发展社会主义文艺贡献力量。

顺祝身体健康、生活幸福！

习近平

2018 年 6 月 25 日 [①]

在看完习近平总书记写给他的信之后，牛犇激动到几度哽咽："我要按照习总书记说的，认认真真、踏踏实实、坦坦荡荡地做一个合格的文艺工作者。""我们遇到了好时代，我们要对得起这个时代。我们做的每一件事，都应该用责任来衡量自己，要对总书记负责任，不能给他丢人。"

---

① 《习近平给新近入党的电影表演艺术家牛犇的信》，《人民日报》2018 年 6 月 27 日。

一、几名身份特殊的党员

杨度（1875—1931），是近代中国一位富有传奇色彩的风云人物。戊戌变法期间，杨度接受康有为、梁启超等改良派的维新思想，反对帝国主义。光绪三十二年（1906年）主编《中国新报》，发表《金铁主义说》，主张君主立宪。宣统二年（1910年），清资政院会议期间，杨度指出中国必须在法律上消除家族的各种特权，国家和人民之间，是直接的权利义务关系，国家对人民要有"教之之法"和"养之之法"，国家要给人民以"营业、居住、言论等自由"，人民"对于国家担负责任"。这一名为"国家主义"实质上仍是"金铁主义"的法律理论，遭到以劳乃宣为代表的守旧派的抨击。

从清末到民初，杨度为立宪运动鼓吹奔走，为速开国会呼吁呐喊，受到了时人的尊敬和称赞。他将做"帝师"及实现"君宪"的希望寄托于袁世凯，发起成立筹安会，为复辟帝制效力，受到时人的指责和痛骂，是有名的帝制祸首。五四运动以后，工农革命运动使他看见了中国的未来。他长期与李大钊等共产党人接触，世界观也有了根本转变。1927年4月28日，李大钊等20名革命同志被张作霖施以绞刑杀害。李大钊的牺牲，令杨度万分悲痛，也让他认清了北洋军阀的反动本性，同时为共产党人坚持真理、视死如归、为革命献身的伟大精神所感动。1929年春，中共上海特科负责人陈赓在王绍先的陪同下来到杨度家里。在交谈的过程中，陈赓提出希望杨度能为中国共产党做些工作。杨度当即表示，愿意为中央特科收集和提供有用的情报："为了挽救中国，愿尽一切力量为共产党工作，愿以自己的社会地位、身份、关系，为党贡献情报。"1929年秋，因为对中共忠诚坚定，为中共提供的情报准确无误，贡献突出，经潘汉年介绍，由中共中央特科负责人周恩来批准，杨度加入中国共产党。周恩来是杨度晚年最信赖的人。周恩来曾对杨度说："晳子先生，历史会替你说公道话的。"杨度成为秘密党员后，为党做了很多有益的工作，作出了突出贡献。

吴晗（1909—1969），中国著名历史学家、社会活动家。1937年，抗日战争全面爆发后，吴晗应聘到云南大学任教授，后到西南联大任教。吴晗因对现状日益不满，逐步投入抗日民主运动。1943年7月，他加入中国民主同盟。他在这一时期写下许多历史杂文，以辛辣的笔锋揭露了国民党的黑暗统治。1946年8月，吴晗回到北平，仍在清华大学任教，并担任北平民盟的主任委员。1948年8月，国民党反动派在北平对进步人士进行大搜捕，中共地下党组织得知吴晗上了国民党特务搜捕对象的"黑名单"，便迅速通知吴晗尽快转移，并寄来路费。于是，吴晗偕妻子袁震立即离开北平，几经辗转来到河北省平山县西柏坡中共中央机关驻地。进入解放区后，吴晗看到了一片生机勃勃的新天地，尤其是得到毛泽东、周恩来等党的最高领导人亲切接见，吴晗感到中国共产党领导人的真诚、智慧、宽宏和志向远大，内心产生了由衷的钦佩。在多次参加座谈会、讨论会，更多地了解了解放区的方针、政策后，在思想上对中国革命和中国共产党有了深刻的认识，他心中也萌生了要加入中国共产党的强烈愿望。于是，他怀着激动的心情给毛泽东写了一份长信，恳切地提出了加入中国共产党的要求。毛泽东亲自给他回信："我们同意你的要求，唯实行时机尚值得研究，详情恩来同志面告。"几天后，周恩来约吴晗畅谈了几个小时，给他说明了"暂不入党"的原因，并鼓励他努力学习、努力工作。新中国成立后，吴晗满腔热忱地投入到新中国历史教学和史学研究的工作中。从1949年11月起，他还服从党的安排和人民的需要，担任了北京市副市长等行政职务。吴晗入党的愿望也更加强烈。1954年，他在写给彭真的一份长信中，再一次表达了自己要求入党的迫切心情："我没有放弃要求参加党的想法，我想以工作来争取，今年不成，到明年，五年不行，十年，二十年，只要不死，总有一天会达到，目的没有什么，只是要求得到教育，做好工作。"可见，他对党的追求，不仅是"身靠"，更重要的是"心靠"，是真心实意的追求。1957 年 3 月，在中共北京市委书记彭真、中共北京市委第二书记刘仁的介绍下，经中共中央批准，吴晗光荣地加入了中国共产党，实现了自己多年的夙愿。

　　梁稳根，1956 年出生于湖南省涟源市茅塘镇，1983 年毕业于中南矿冶学院材料学专业，高级工程师。1983 年至 1986 年在兵器工业部洪源机械厂工作，曾任计划处副处长、体改委副主任。1986 年下海创办涟源特种焊接材料厂。1991 年将企业更名为"湖南三一集团有限公司"，并担任董事长。梁稳根在 2007 年接受记者采访时就表示，"我在农村时就有入党的想法，正式递交申请是上大学，当时大学生入党很难"。1983 年，梁稳根大学毕业被分配到兵器工业部洪源机械厂。上班伊始，他的创新想法就折服了当时的管理者，很快被提升为厂体改办主任。"在这里，我继大学之后，第二次递交了入党申请书。那时我已经当了处长。"但这次入党最终因梁稳根的辞职下海而错失机会。"下海后，我向当地的党组织又表达了入党的愿望，当时的省领导非常重视。但因为当时入党有明确的要求，私营企业主的雇员人数不能超过 7 人而再失机会。"这样，梁稳根锲而不舍地向党组织递交入党申请书，三次申请都未成。2004 年，梁稳根得以成为三一重工党委成立以后的第一个入党培养对象，终于圆了孜孜以求 18 年的入党夙愿。"入党就入了十八年！""加入共产党以后，把党的事业和三一事业融为了一体，三一才真正找到了方向！"

　　杨度、吴晗、梁稳根属于不同时期的共产党员，也有着不同的身份地位。那么，应当具备什么条件才能成为共产党员？这个问题不是建党之初就完整地回答了的，也经历了曲折的探索过程。

　　党的十八大之后，中国共产党迈入了新的发展阶段，党更加注重吸收符合党员标准的各阶层优秀分子入党，不断扩大党的群众基础、不断提高党的影响力和凝聚力的同时保持党的先进性。同时也要求党员必须不断加强自身修养，坚定共产主义理想和中国特色社会主义信念，胸怀全局、心系群众，奋发进取、开拓创新，立足岗位、无私奉献，充分发挥先锋模范作用，团结带领广大群众前进，不断为改革开放和社会主义现代化建设作出贡献。2014 年 6 月，中共中央办公厅印发了《中国共产党发展党员工作细则》提出，各地区各部门要认真贯彻控制总量、优化结构、提高质量、发挥作用的总要求，坚持标准，严格程序，严肃纪律，确保发展党员工作有领导、有计划地进行。

二、"请党组织在战斗中考验我"

2004 年国庆节那天，北京天安门广场上出现一个很特殊的身影，他虽然没有右臂，但好像身上有着比健全人更多的光芒。他满眼坚定地举起自己的左手，向国旗敬了一个军礼，庄严肃穆的场景直教人感动不已！这个人叫丁晓兵。

"我是一名有着 30 多年党龄的党员，我的入党故事始终绕不开'考验'。"这是独臂英雄丁晓兵对自己 30 多年来不断面临考验，用一只手臂书写了一名共产党员的忠诚、荣誉和担当后的感慨。

丁晓兵出生于 1965 年 9 月，1983 年 10 月他刚满 18 岁。在大多数父母眼中，这个年纪依旧是个孩子，但这时候的丁晓兵却早已明确了心中梦想，有了自己的信仰，那就是参军报效祖国。所谓百炼成钢，丁晓兵的成长之路是较为顺畅的。因为入伍第二年，他就前往老山前线参加了实战，在真正的战火中锤炼青春岁月。可其中自然也伴随着危险，但是丁晓兵从来没有说过"怕"字，哪怕在实战中受了伤，失去了右臂，他也从未有过后悔参军的念头。所谓的军人硬汉，丁晓兵必然就是实打实存在的那一位。

中越边境线上，从 1979 年 2 月开始，十几年都没有恢复真正的太平。1984 年 10 月 30 日，担任昆明军区第二侦察大队四连捕俘手的丁晓兵，奉命随部队深入越军敌后执行侦察任务。虽然这时候的丁晓兵入伍也不过一年时间，但他却已经先后出色地完成了 20 多次侦察和作战任务，可见这时的他已经是一名合格的军人了。不过这一次的任务较以前难度明显增加不少。但是年仅 19 岁的丁晓兵并没有害怕，为了展现自己完成任务的决心，他还在出发前用匕首扎破了手指，用鲜血写下了誓言。

任务完成得很顺利，可不曾想在侦察部队撤退时出现了意外。眼见当时越军向我方投来了一枚手雷，丁晓兵只想着要掩护战友和俘虏，便随手就将敌军投来的手雷抓起来向外扔去。手雷的爆炸时间本身就短，于是手雷在丁晓兵出手瞬间爆炸了，炸得他的右手臂只剩一点皮肉与身体相连。看着鲜血直流的右臂，丁晓兵心中依旧想的是完成任务。经过简单的包扎，他继续和战友扛着俘虏往回撤。

3 公里的撤回路，他们冒着越军的炮火走了 3 个多小时。也意味着丁晓兵的血流了 3 公里，流了 3 个多小时。其实我们都知道，他能够撑回营地，靠的全是信仰。终于将俘虏交给了前来接应的战友，就在那一瞬间他终于绷不住了，一头栽倒在地上。经过三天两夜的抢救后，终于从死神手里抢回了他的生命。可是他的右臂终究无法再跟随他一起战斗了。因为失去了右臂，丁晓兵完全可以留在后方，可是他不愿意，坚持回到了一线。

战后，丁晓兵成了一名党员，也得到了党的肯定，荣获了一等功。之后他的光荣事迹被更多人熟知，有人对他说，由于你现在缺了右臂，就该趁着拥有鲜花、掌声的时候，考虑考虑以后的路。还有人说，你已经为国家和党做得够多了，是可以提出要一些奖励了，毕竟机会难得。但是经过思虑后，丁晓兵作出了令大家都吃惊的决定，那就是他觉得待遇诚可贵，奉献价更高。于是他将鲜花和掌声抛之脑后，选择继续留在部队。而后的他面临过很多次选择，但他始终都选择了追随党，向众人证明了一条臂膀也可以为信仰而奋斗。

丁晓兵无疑是一名优秀的共产党员，他的入党和经历表明，加入党组织是需要一定条件的，是需要接受组织长期的严格考验的。

（一）申请入党的要求

中国共产党是一个严肃的政党，不是什么人都可以随随便便地加入的，需要具备一定的条件才可以申请加入。

1. 申请入党的人的个人身份。党章规定：申请入党的人在个人身份上，必须是"年满十八岁的中国工人、农民、军人、知识分子和其他社会阶层的先进分子"。

"年满十八岁"强调了申请入党的人必须具备的年龄条件。人只有在成年以后，其世界观和政治倾向才具有相对稳定性，才具有确定的政治立场、政治方向、政治观点、政治鉴别力和政治敏锐性，才能确定自己终生的政治信仰和政治志向。一般说来，"十八岁"是一个人步入成年的基本标志。因此，申请入党的人的年龄规定，以"年满十八岁"为底线，目的是保证党员质量，使其在申请入党的时候，就具有与党的性质和要求相一致的世界观和政治倾向。

"中国工人、农民、军人、知识分子和其他社会阶层的先进分子"强调了申请入党的人必须具备的个人身份。中国共产党的性质、中国共产党的最高理想和最终奋斗目标以及党员条件，都要求中国共产党党员必须是来自一般群众又不同于一般群众的人，即中国工人阶级的有共产主义觉悟的先锋战士。

工人阶级始终是我国社会中最先进的阶级，始终是中国共产党坚实的阶级基础。应该把在工人、农民、军人、知识分子中的先进分子作为发展党员的重点，使工人、农民、军人、知识分子党员成为党的队伍中最基本的组成部分和骨干力量。同时，也应该把承认党的纲领和章程、自觉为党的路线和纲领而奋斗、经过长期考验、符合党员条件的其他社会阶层的先进分子吸收到党内来。新的社会阶层中的广大人员，通过诚实劳动和合法经营，为发展社会主义生产力和其他事业作出了贡献。他们与工人、农民、知识分子、干部和解放军指战员团结在一起，他们也是中国特色社会主义事业的建设者。因此，从工人、农民、军人、知识分子和其他社会阶层的先进分子中发展党员，有利于增强党的阶级基础，保持党的先进性；有利于扩大党的群众基础，提高党在全社会的凝聚力和影响力，巩固党的执政地位；有利于充分调动社会各方面的积极因素，更好地推进新时代中国特色社会主义伟大事业。

2.申请入党的人的思想政治条件。党章规定，申请入党的人必须"承认党的纲领和章程"。中国共产党是根据自己的纲领和章程、按照民主集中制原则组织起来的统一整体，是思想上政治上高度一致的、由中国工人阶级的有共产主义觉悟的先锋战士所组成的政治组织。党的纲领是每一位共产党员必须为之奋斗的目标，党的章程是每一位共产党员必须严格遵守的规范。党的纲领和章程回答和解决的是，为什么要建党、建设什么样的党、党的历史使命是什么等一系列有关党的建设的根本性问题。因此，申请入党的人只有承认党的纲领和章程，才能从总体上对党有一个全面正确的认识，从而更加坚定自己的入党信念，端正入党动机，为早日成为伟大、光荣、正确的中国共产党的一名党员积极创造条件；才能在入党以后自觉实践党的纲领，严格遵守党的章程，做合格的共产党员。

3.申请入党的人应当具备的思想准备。申请入党的人必须"愿意参加党的一个组织并在其中积极工作"。这是申请入党的人必须具有的基本条件之一。中国共产党党员是中国工人阶级的有共产主义觉悟的先锋战士。党员与群众的根本区别，就在于党员具有高度的共产主义觉悟。正是这种高度的共产主义觉悟，使党员能够自觉地履行党员义务、正确地行使党员权利。因此，党员参加党的一个组织并在其中积极工作，是出自党员内心的，是党员政治生命中的需要。申请入党的人只有在向党组织提出入党申请时，就愿意参加党的一个组织并在其中积极工作，才不至于在入党后把参加党的组织生活、积极为党工作作为一种负担，从而为自己入党、为自己成为合格党员奠定基础。

申请入党的人必须愿意"执行党的决议"。这是申请加入中国共产党必须具备的基本条件之一。党的决议，是为完成党的总目标、总任务，在某一时期，对某一项工作或某一件事情，经过党员大会、党员代表大会或党的委员会集体讨论决定的，全体党员必须贯彻执行的事项。申请入党的人必须在入党前发自内心地有执行党的决议的心理基础，愿意执行党的决议，才能在入党以后自觉地执行党的决议，与党在政治上、思想上和行动上保持高度一致，为党的事业奋斗终身。从党作出决议的目的、内容、过程以及党的决议的效力来看，党员执行党的决议，是实现党的纲领、路线，完成党的任务的具体体现，是实现党的团结统一的基本保证，是维护党和人民利益的根本要求，是共产党员的基本义务。党员能不能模范地执行党的决议，直接关系到党的生命，直接关系到党员质量，直接关系到党与人民群众的关系，直接关系到党的事业。党员不论职务高低、不论资历深浅、不论贡献大小，都必须执行党的决议。否则，不仅会受到党的纪律的处分，还会危及党的生命，影响党的总目标、总任务的完成。申请入党的人一定要从这样的高度出发，深刻认识执行党的决议的重要性，提高对执行党的决议的认识程度和思想觉悟，增强执行党的决议的自觉性。只有这样，才能使自己在入党前，愿意执行党的决议，具备申请入党的条件；才能使自己在入党后，忠实地执行党的决议，成为合格的共产党员。

　　申请入党的人必须愿意"按期交纳党费"。这是申请入党的人必须具备的又一个基本条件。党费，是共产党员按照党的章程定期向党组织交纳的、用于党的活动的经费。党员按照规定的标准，向党组织按期交纳党费，是党对党员的基本要求之一，是党员对党组织应尽的义务，也是党员关心党的事业、在物质上帮助党的具体表现。

（二）党员的基本条件

　　中国共产党党员是来自各条战线的优秀分子，其觉悟程度是要超过一般群众的。党章规定：中国共产党党员是中国工人阶级的有共产主义觉悟的先锋战士。中国共产党党员必须全心全意为人民服务，不惜牺牲个人的一切，为实现共产主义奋斗终身。中国共产党党员永远是劳动人民的普通一员。除了法律和政策规定范围内的个人和工作职权以外，所有共产党员都不得谋求任何私利和特权。这是共产党员必须具备的条件，也是党章对党员提出的基本要求。

　　1.中国共产党党员是中国工人阶级的有共产主义觉悟的先锋战士。中国共产党党员是中国工人阶级的有共产主义觉悟的先锋战士，这从根本上界定了共产党员的政治身份，共产党员与一般群众的区别，共产党员的先进性之所在，即规定了共产党员是什么样的人。中国共产党是中国工人阶级的先锋队，决定了中国共产党党员必须具有中国工人阶级的世界观，为完成工人阶级的历史使命而奋斗。工人阶级的世界观，就是马克思主义的辩证唯物主义和历史唯物主义世界观。工人阶级的历史使命，就是推翻资本主义社会制度，建立社会主义，进而实现共产主义。因此，中国共产党党员必须继承和发扬中国工人阶级的优秀品质，团结和带领中国工人阶级和广大人民群众建设中国特色社会主义，为最终实现共产主义而努力奋斗。

　　中国共产党党员的工人阶级世界观和共产主义觉悟，不是空洞的高调，不是动听的口号，而是要用共产党员在生产、工作、学习和社会生活的各个方面发挥先锋模范作用来体现。因此，广大党员一定要在实践中把自己内在的工人阶级世界观和共产主义觉悟用具有先锋模范作用的外在行为体现出来，为群众作出表率，为推动经济和社会的进步贡献出自己全部的力量，这才是名副其实的中国工人阶级的有共产主义觉悟的先锋战士，才是真正的共产党员。

2. 中国共产党党员必须全心全意为人民服务，不惜牺牲个人的一切，为实现共产主义奋斗终身。"全心全意为人民服务"，这从根本上界定了共产党员的人生意义和人生价值，说明了共产党人必须具有的人生目标和追求。全心全意为人民服务，是中国共产党的宗旨。所谓宗旨是指最根本、最主要的意义和目的。中国共产党只有全心全意为人民服务，才能体现其存在的价值和意义，才是共产党存在和发展的目的。党的全心全意为人民服务的宗旨，要通过党制定和执行正确的路线、方针、政策体现出来，更要通过党员全心全意为人民服务的实际行动体现出来。因此，全心全意为人民服务成为党章规定的对共产党员的基本要求之一。

"不惜牺牲个人的一切"，这是由党的性质和宗旨决定的。中国共产党是中国工人阶级的先锋队，同时是中国人民和中华民族的先锋队，是中国特色社会主义事业的领导核心，代表中国先进生产力的发展要求，代表中国先进文化的前进方向，代表中国最广大人民的根本利益。中国共产党的宗旨是全心全意为人民服务。这一性质和宗旨决定了中国共产党除了最广大人民的利益，没有自己的特殊利益，即没有自己的私利。党的一切工作，都是以人民的根本利益为最高准绳。因此，共产党员必须以实际行动实践、体现和保持党的性质，把实现好、维护好和发展好人民的利益作为自己的唯一追求，并且为了这一追求不惜牺牲个人利益乃至个人的一切。

"为实现共产主义奋斗终身"，从根本上界定了共产党员的最高理想和最终目标，指明了共产党员一切实践活动的政治方向。共产主义是由马克思、恩格斯创立，由共产党人所信仰的、科学的思想体系。共产党员要为实现共产主义奋斗终身，就必须把共产主义远大理想同自己在现实工作中的努力结合起来。中国共产党是最高纲领和最低纲领的统一论者。中国共产党党员既要做最大的理想主义者，又要做最大的现实主义者。既要树立共产主义远大理想，坚定信念，以高尚的思想道德要求和鞭策自己，又要脚踏实地地为实现党在社会主义初级阶段的基本路线和基本纲领而不懈努力，扎扎实实地做好现阶段的每一项工作。

3. 中国共产党党员永远是劳动人民的普通一员，除了法律和政策规定范围内的个人利益和工作职权以外，所有共产党员不得谋求任何私利和特权。"劳动人民的普通一员"，强调的是共产党员与劳动人民的共性，要求共产党员要把自己置身于劳动人民之中，和人民群众一样，没有自己特殊的利益和权力。正是因为党员是"劳动人民的普通一员"，才使共产党员能够密切与群众的联系、代表群众的利益。因此，在实践中要求群众做的事情，党员必须做而且要比群众做得更好；要求群众不做的事情，党员必须不做而且要带头不做。

"除了法律和政策规定范围内的个人利益和工作职权以外，所有共产党员不得谋求任何私利和特权"，从根本上界定了共产党员的个人利益获取和工作职权的运用范围，说明了共产党员正当的个人利益和工作职权与私利和特权的界限。中国共产党是执政党，但党执政不是为所欲为，而是要依法执政，执政为民，最终是要通过共产党员遵守法律、执行政策的具体行为来体现的。我们党要求党员必须全心全意为人民服务，并不是说党员不可以有个人利益，而是不能在法律和政策的范围之外谋求个人利益。因为法律和政策范围内的个人利益是正当的、合法的，是应当得到维护的，而法律和政策范围之外的个人利益是不正当、不合法的，是绝对不可谋求的。共产党员特别是党的各级领导干部，作为执政党的党员、干部，手中掌握着一定的工作职权，这是党员、干部为人民服务的基本工具，在法律和政策的范围内运用工作职权是党员、干部的基本职责，是党员、干部为人民服务的具体体现，如果超出了法律和政策规定的范围去运用工作职权，就是把公共的工作职权私有化，就是搞特权，就会损害党和人民的利益，损害党和政府的形象。

总之，党章对共产党员的上述基本要求是一个完整的统一体，其中的每一个方面都是与其他方面密切相连的，如果只重视或只做到某一方面或某几个方面，都是不可取的，都不算达到了党对共产党员的基本要求。

三、两位老人的特殊党费

2016 年 8 月 16 日早上 8 点，黄山市祁门县气温已经近 30℃，大坦乡党委副书记苏晓梅正在办公室整理档案。突然，乡党政办干部胡倩领着一位白发苍苍的老奶奶颤颤巍巍地走了进来。老人家自我介绍说："我是大坦乡一名老党员，今天专程来交党费。"老人名叫胡秋彦，是大坦乡教育支部的一名退休党员，1917 年出生。8 月 15 日下午她将 2 万元从银行取出来，放在枕边。16 日早上 5 点钟，一个人乘班车，经过 40 多分钟，赶到了乡政府。"尊敬的大坦乡党委，我是大坦小学第一任校长，1979 年退休，1994 年入党。祖国母亲养了我 99 年。党也培养我 60 多年。我应交特殊党费（从 1949 年接受党的教育开始），我平时省吃俭用，节约 2 万元应该交给党，这是我的自觉之举，请党委接受我的一片诚心。"老人当场写下一张字据，表明绝非一时冲动。原来这位老人有着自己特殊的入党故事。"我从小就从好的方向去看问题。""新中国成立后，国家给了我第一份工作，就是去当老师，从那以后，我先后在祁门十几个地方当老师。最后在大坦乡退休。我的祖辈生活在旧时代，都是五六十岁就去世了。我能活这么久，离不开党的培养和国家的恩赐。"因为家庭成分问题，胡秋彦老人在 1979 年退休的时候没有解决入党问题。1994 年，在她 77 岁的时候，终于加入了中国共产党。自此以后，她比以往更加严格要求自己。

无独有偶，在东塘街道浦沅社区，每年 7 月 1 日党的生日这天，有一位老党员都会来到社区党支部交纳党费，这位老党员叫姚献章。姚老是一名军转干部，原浦沅机械厂的退休干部，退休后就回到了老家常德汉寿居住。虽然人回到了老家，但他每年的"七一"期间都会来长沙住一段时间，到社区党支部交纳党费，参加党组织活动，到今年已经坚持十余年了，这也成了他雷打不动的习惯。姚老说："交党费是一件很严肃的事，是每个共产党员的义务，自己作为一名退休干部、入党多年的老党员，主动、按时交纳党费是应该的，虽然现在在异地居住，但是每年的党费我是不会忘的，只要我走得动，我都会亲自来交党费。"

的确，交党费是每位党员的义务，但党员不仅仅只有交党费的义务，还有更多义务和权利，而且要成为一名共产党员还需要一定的程序。

（一）党员必须履行的义务和享有的权利

共产党员的称号是十分光荣的，这是由共产党员承担的义务决定的。因此，党章规定了共产党员必须履行的八项义务。这八项义务履行得好与不好，是一名党外人士能否入党、是一名预备党员能否转为正式党员、也是一名正式党员能否成为合格党员的关键所在。

中国共产党党员在履行义务的同时，还享受一定的权利。所以，党章在规定共产党员必须履行八项义务的同时，也具体规定了党员享有的权利。党员必须履行的义务和党员必须享有的权利，是党员政治生活中相互联系的两个方面。履行义务是行使权利的前提，行使权利是履行义务的保证。事实上，党内不存在只享有权利而不履行义务的党员，也不存在只履行义务而不享有权利的党员。

（二）以《中国共产党发展党员工作细则》为遵循

党员是党的细胞。加强党的建设必须以加强党员队伍建设为基础。吸收什么人入党，党员质量如何，直接关系着党的性质和战斗力。为更好地规范发展党员工作，我们党制定了《中国共产党发展党员工作细则》（以下简称《细则》）。

1. 新时代发展党员工作的总要求。《细则》指出：发展党员工作，应当按照"控制总量、优化结构、提高质量、发挥作用"的总要求。准确理解和把握这十六字总要求，应注意以下几点：以控制总量为重点，实行发展党员总量调控，使全国党员数量年均增长控制在适当速度，党员队伍保持适度规模。以优化结构为关键，根据不同群体、行业和岗位特点，确定发展党员的重点，不断优化党员队伍结构。以提高质量为核心，坚持党员标准、加强培养教育、严格日常管理、严肃纪律要求，着力提高党员队伍整体素质。以发挥作用为目的，引导党员牢记宗旨、心系群众，立足本职、干事创业，充分发挥先锋模范作用。这十六字总要求，既是一个有机整体，要深刻理解，准确把握，全面落实，又是重点鲜明，突出"提高质量"。发展党员工作做得好与不好，其评判标准不是看在数量上发展了多少人入党，而是看新发展的党员是否具备党章第二条规定的党员基本条件，是否模范履行第三条规定的党员必须履行的八项义务，即是否符合党员标准。

2. 坚持党要管党、从严治党。列宁曾经讲过："徒有其名的党员，就是白给，我们也不要。"[①] 2012年，习近平同志在《求是》杂志发表文章指出，现在有的人入党、当干部，不是因为信仰马克思主义，不是要矢

---

① 《列宁选集》第4卷，人民出版社2012年版，第51页。

志为中国特色社会主义、共产主义事业奋斗终身，而是认为入党、当干部能给自己带来好处，把入党、当干部作为个人或家庭、亲属获取利益的政治资本。因此，发展新党员，必须认真分析入党动机，严格把握发展党员的标准和程序，确保质量，切忌"带病入党"。党要管党、从严治党是我们党的一贯要求。习近平总书记强调，党要管党、从严治党必须落实到党员队伍的管理中去。《细则》注重在发展党员的原则、标准、程序、纪律等方面体现党要管党、从严治党要求。严格标准，就是要坚持党章规定的党员标准，始终把政治标准放在首位，突出党员政治上的先进性和素质上的全面性。严格培养，就是要在发展党员的每一个环节都必须加强培养教育和考察。严格程序，就是要进一步突出党组织的把关作用。严格责任，就是要细化发展党员工作职责，明确责任追究的具体内容。

3. 发展党员要坚持把政治标准放在首位。坚持党章规定的党员标准，始终把政治标准放在首位，注重思想上入党，既是发展党员工作的根本要求，也是保持党的先进性、纯洁性的关键所在。《细则》在党员标准上明确提出，党的基层组织应当吸收具有马克思主义信仰、共产主义觉悟和中国特色社会主义信念，自觉践行社会主义核心价值观的先进分子入党。在培养教育过程中，要教育引导入党积极分子端正入党动机，确立为共产主义事业奋斗终身的信念。《细则》还强调，要对发展对象进行政治审查，凡是未经政治审查或政治审查不合格的，不能发展入党。

4. 严格遵守发展党员程序。严格、科学、规范的程序是提高新党员质量的重要保障。《细则》中发展党员工作的基本程序主要有：在申请入党环节，党组织接到入党申请书后，应当在一个月内派人同入党申请人谈话；在入党积极分子确定环节，采取党员推荐、群团组织推优等方式产生人选，由支部委员会研究决定，并报上级党委备案；在发展对象的确定环节，规定要报上级党委备案；在预备党员接收环节，规定了要报具有审批权限的基层党委预审；在预备党员审批环节，规定了要向上级党委组织部门备案。发展党员工作程序更加严格、科学、规范。

5. 做好在流动人员中发展党员工作。做好在流动人员中发展党员工作是新形势下发展党员工作的一项重要任务。目前，全国流动人口达 2.5 亿左右，对在流动人员中发展党员作出规定十分必要。《细则》主要从四个方面对这项工作进行了明确：在递交入党申请书环节，明确了流动人员既可以向工作、学习所在单位党组织提出入党申请，还可以向单位所在地党组织或单位主管部门党组织提出入党申请，也可向流动所在地单位党组织提出入党申请。在发展对象政治审查环节，规定对流动人员中的发展对象进行政治审查时，还要征求其户籍所在地和居住地基层党组织的意见。在预备党员教育管理环节，对预备期未满的预备党员因工作、学习所在单位（居住地）发生变动时，对原所在党组织和接收党组织的培养教育责任进行了明确。对转入的预备党员，基层党组织在其预备期满时，如认为有必要，可推迟讨论其转正问题，推迟时间不超过 6 个月，转为正式党员的，其转正时间自预备期满之日算起。

6. 强化党组织在发展党员工作中的领导责任。在强化党组织发展党员工作的领导责任方面，《细则》作出了四项明确规定：各级党委要把发展党员工作列入重要议事日程，纳入党建工作责任制，作为党建工作述职、评议、考核和党务公开的重要内容。市（地、州、盟）、县（市、区、旗）党委每半年检查一次发展党员工作情况，省、自治区、直辖市党委每年检查一次。各级党委组织部门每年向同级党委和上级党委组织部门报告发展党员工作情况和发展党员工作计划，如实反映带有倾向性的问题和对违反规定发展党员的查处情况。对具备发展党员条件但长期不做发展党员工作的基层党组织，要求上级党委加强指导和督促检查，必要时对其进行组织整顿。

7. 严格遵守发展党员工作纪律。《细则》对发展党员工作纪律作出了具体规定，其主要精神是：各级党组织对发展党员工作中出现的违纪违规问题和不正之风进行严肃查处。对不坚持标准、不履行程序、超过审批时限和培养考察失职、审查把关不严的党组织及其负责人、直接责任人应当进行批评教育，情节严重的给予纪律处分。及时通报典型案例，对违反规定吸收入党的，一律不予承认，并在支部大会上公布。对采取弄虚作假或其他手段把不符合党员条件的人发展为党员，或为非党员出具党员身份证明的，要依纪依法严肃处理。

（三）发展党员的基本程序

发展党员工作是党的组织建设的重要组成部分，是一项严肃的政治工作，不能随随便便，更不准"火速发展"。发展党员必须在坚持党员标准、落实党员条件的基础上，严格执行发展党员的工作程序，认真履行发展党员的手续。

1. 个人自愿向党组织提出入党申请。个人自愿，是我们党发展党员的一项基本原则。要求入党的同志，必须个人自愿向所在单位党组织提出书面申请。

入党申请书是申请人向党组织表达自己愿意加入中国共产党的愿望的一种形式。在写作上没有固定的格式。但为写出高质量的入党申请书，申请入党的人要注意以下几个问题：一是要认真学习党章和有关党的纲领、路线，党的基本知识的报刊文章，树立正确的入党动机，加深对党的认识。要联系自己的思想和工作实际，向党组织说真话，交真心，切忌抄书抄报，只见别人，不见自己。二是要对党忠诚老实，如实向党组织反映自己的政治历史、个人经历、现实表现等有关情况，不得隐瞒或伪造事实。三是入党申请书一般必须由本人写。如因文化太低或其他原因，不能亲自写的，可以由本人口述，请别人代写，但申请人要说明自己不能亲自写的原因，并在申请书上签名盖章后交给党组织。

2. 对入党积极分子的培养和教育。入党积极分子应当从已经向党组织递交了入党申请书，经过党组织较长时间的培养和教育，各方面比较优秀，接近或基本具备党员条件的入党申请人中确定。

确定入党积极分子的具体方法是：党小组或共青团组织提名推荐，党的支部委员会讨论通过，不设支部委员会的应由支部党员大会讨论通过，报上级党组织备案，并通知入党积极分子本人，要求其本人写出自传（内容主要写本人简历、家庭主要成员及主要社会关系的政历和现实表现情况），以使党组织能够更全面地了解入党积极分子的基本状况，更有针对性地培养和教育入党积极分子。申请入党的人被党组织确定为入党积极分子后，党组织应当对入党积极分子加强培养和教育，并结合每个入党积极分子的实际情况，制订相应的培养教育计划。

3. 发展对象的确定、进行政审和入党前的培训。入党积极分子在经过一年以上培养考察后，各方面表现较好，接近入党条件的可以确定为发展对象，并对其进行政治审查和入党前的短期集中培训。

发展对象的确定，根据我党多年来发展党员工作的实践经验和入党积极分子的成熟规律，主要采用的方法：一是要求入党的积极分子经过一年以上的培养、教育和考察；二是听取党小组、培养联系人和党内外群众意见；三是报上级党委备案。

党组织对发展对象进行政治审查，是发展党员的基本程序之一。对发展对象进行政治审查，有十分重要的理论和实践意义。从根本上说，对发展对象进行政治审查，是保证新发展党员的质量，进而保证党员队伍的先进性和纯洁性的重要方法。对发展对象进行政治审查，可以使党组织对发展对象本人的政治历史和现实表现有一个全面的了解，并通过政治表现考察发展对象的思想觉悟、政治立场以及在重大政治原则问题上的基本态度，从而避免敌对分子、腐败分子和其他不具备党员条件的人混进党内来，从而保持党的先进性和党员的先进性，使党更好地坚持全心全意为人民服务的宗旨，更好地担负起历史和人民赋予的重任，为最终实现共产主义社会制度而奋斗。党组织对发展对象进行政治审查，在不同的历史时期有不同的要求。当前对发展对象进行政治审查的主要内容：一是关于发展对象本人的情况；二是关于发展对象的直系亲属和与本人有密切关系的主要社会关系的政治情况。

党组织对发展对象在入党前进行短期集中培训，也是党员发展工作中的一道必不可少的程序。按照我们党的有关规定，基层党委要对发展对象进行短期集中培训，具备党员条件且培训成绩合格者，可以吸收为预备党员。没有经过短期集中培训，或者成绩不合格者，不能发展为预备党员。这既是保证新党员质量的重要措施，也是党组织进一步考察入党积极分子的重要方法。

4. 预备党员的接收。对发展对象进行培养教育、政治审查和短期集中培训后，如果各方面条件已达到党员标准，就可将其发展为预备党员，党支部就要做好预备党员的接收工作。在召开接收预备党员的支部大会前，支部应当做好的准备工作主要有：一是确定入党介绍人；二是填写入党志愿书；三是召开支部党员大会。在以上关于接收预备党员的各项准备工作已全部就绪，并得到上级党组织关于同意接收发展对象为预备党员的审查意见的基础上，接收预备党员的支部大会便可按计划召开。

5. 上级党委审批。在支部党员大会作出同意接收申请人为预备党员的决议之后，党支部要把申请人的入党申请书、入党积极分子考察登记表、政治审查材料、入党志愿书以及申请人在培养考察期间的思想和工作汇报等材料，一并报上级党委审批。此时，上级党组织应当做的工作，党章也作出了明确的规定。党章指出：上级党组织在批准申请人入党以前，要派人同他谈话，作进一步的了解，并帮助他提高对党的认识。

6. 预备党员的教育、考察和转正。党支部接到上级党委关于申请人入党的审批通知后，应做好的工作主要有：一是党支部应将上级党委对申请人入党的审批意见及时通知新发展的预备党员本人，并在支部大会上宣布。二是对预备党员进行教育和考察。三是组织预备党员的宣誓。四是预备党员的转正。对于预备党员预备期满，需要继续考察和教育的，可以延长预备期，但不能超过一年。对于预备党员在预备期期间，不履行党员义务，不具备党员条件的，应当取消预备党员资格。

最后还需要强调，入党，特别是思想上入党，将伴随一个党员政治生命的全过程，是共产党员永恒的必修课，是共产党员党性锻炼的核心内容和艰巨任务。因此，申请入党的人，经过长时间的自身努力和党组织的培养教育，经过一系列的入党程序和手续，实现了自己的入党愿望，这的确是一件可喜可贺的事情。但是，一个人在组织上入党，这只是自己作为党员政治生活的开始。要真正从思想上完全入党，则是共产党员长期的、须臾不可离的政治任务。因此，不论是申请入党的人、预备党员，还是正式党员，都要严格地用党章规定的党员标准和条件要求自己，使自己无愧于党组织的培养和教育，无愧于共产党员的光荣称号，做合格的共产党员。

第九章
加入共产国际的一个必要条件

　　1920 年 7 月 19 日，共产国际第二次代表大会在苏联莫斯科召开。大会通过的加入共产国际的条件共有 21 条，其中第 13 条是"加入共产国际的党，应该是按照民主集中制的原则建立起来的。在目前激烈的国内战争时代，共产党只有按照高度集中的方式组织起来，在党内实行近似军事纪律那样的铁的纪律，党的中央机关成为拥有广泛的权力、得到党员普遍信任的权威性机构，只有这样，党才能履行自己的职责"。中国共产党是代表中国无产阶级的政党，所以中国共产党第二次全国代表大会决定正式加入第三国际，完全承认第三国际所决议的加入条件，中国共产党为国际共产党之中国支部，遵循民主集中制原则，按照民主集中制原则组织起来并开展活动。经过近百年的实践发展，民主集中制已经是中国共产党的根本组织制度和原则。这一制度反映了马克思主义政党的活动规律，更是中国共产党制度治党的关键因素，为中国共产党保持和发展党的先进性，发挥党在革命、建设和改革中的领导核心作用提供了坚强的组织保障。

一、从列宁和卢森堡的争论说起

民主集中制是工人阶级政党的根本组织制度，是工人阶级先进性和世界观的必然要求。民主集中制是党的根本制度，这一制度的确立完善经历了曲折的过程。马克思、恩格斯虽然没有提出民主集中制的概念，但他们在创建世界上第一个无产阶级政党"共产主义者同盟"和之后创建第一国际的时候，都是按照民主和集中相结合的原则组织起来并开展活动的。

在历史上，列宁第一次明确提出"民主集中制"这一概念，并将其作为建党原则。1903 年，俄国的马克思主义者在布鲁塞尔和伦敦举行社会民主工党的第二次代表大会。列宁等政治流亡者和俄国地下组织的代表，以及社会民主党人和较小组织的成员都参加了大会。大会由普列汉诺夫主持，主要议程是制定党纲、党章和选举中央委员会。大会在讨论党章时，发生了激烈的争论。争论的焦点是党章的第一条中关于党员条件的问题。列宁认为，凡是承认党纲，在物质上帮助党并且参加党的一个组织的，都可以成为党员。而马尔托夫（真名尤里·奥西波维奇·策杰尔鲍姆，1873—1923 年）认为党员不一定要参加党的一个组织，他甚至主张不管什么人，只要表示承认党纲，就可以自行宣布入党，党员可以不服从党的纪律，不受组织的制约。最后大会在表决时，以多数票通过了马尔托夫的条文。大会在选举中央领导机构时，由于几名机会主义分子的退出，力量对比发生了变化。大会选举普列汉诺夫、列宁、马尔托夫组成中央机关报《火星报》编辑部，拥护列宁的三名代表组成了中央委员会。从这时起，拥护列宁的人，因在选举中获得多数票，故被称为布尔什维克（俄文译音，意指多数派）；获得少数票的，被称为孟什维克（俄文译音，意指少数派）。孟什维克还发表了大量反对集中制的言论，声称要求党员服从党的一切决议是一种形式主义的官僚主义的态度，要求少数服从多数是硬性压制党员意志，要求全体党员无论是领导人还是普通党员都服从党的纪律是在党内建立农奴制度。孟什维克公然强调，俄国社会民主工党"在党内不是需要集中制，而是需要无政府主义的'自治制'，使各个人和各个党组织都有权不执行党的决议"。就连当时还动摇于布尔什维克和孟什维克之间的普列汉诺夫也要求："俄国社会民主党人不要做'集中制的空想家'。"

1904年2—5月，列宁撰写了《进一步，退两步（我们党内的危机）》，批驳了对集中制的种种责难，更坚决地指出"集中制思想，它从原则上确定了解决所有局部的和细节性的组织问题的方法""是唯一的原则性思想，应该贯穿在整个党章中"①。列宁所强调的俄国社会民主工党应该是一个集中的、组织严密的、纪律严格的党。这样的党不能涵盖整个阶级，而是阶级的先锋队。这样的党也不是一般群众组织，而是工人阶级和其他一切群众组织的领导者。党的组织原则就是集中制。列宁在书中所提出的关于党必须按集中制原则组织起来的思想，主要针对的是俄国社会民主工党内马尔托夫机会主义分子的。在党的二大上，列宁和马尔托夫发生了争论。争论的实质是在俄国建立一个集中的、组织严密的、纪律严格的无产阶级政党，还是建立一个组织涣散、没有定型、成分复杂的党的问题。

列宁集中制思想一提出，立即遭到了德国社会民主党一些人的反对，特别遭到了在反对伯恩施坦修正主义中闻名的罗莎·卢森堡的反对。1904年7月10日，卢森堡在俄国社会民主工党中央机关报《火星报》发表了《俄国社会民主党的组织问题》一文，强烈地表示了她的反对意见。

①《列宁全集》第8卷，人民出版社2017年版，第236页。

随后德国社会民主党的理论刊物《新时代》杂志全文转载，并认为，此文讨论的虽然是俄国党的情况，但对正在讨论组织问题的德国党来说也是很有意义的。

列宁看到卢森堡的文章后，认为卢森堡所介绍的不是《进一步，退两步（我们党内的危机）》，而像是其他的书。列宁随后在他写的《进一步，退两步（尼·列宁给罗莎·卢森堡的答复）》中指出："卢森堡同志认为，我是在维护一种组织制度，而反对另外一种组织制度。但实际上并不是这样。我在这一整本书中，从第一页起到最后一页止，都在捍卫任何一种可能存在的党的组织的任何一种制度的基本原则。我这本书所探讨的不是各种组织制度之间的区别问题，而是在如何不违反党的原则的情况下坚持、批判和改正任何一种制度的问题。""读者只要认真研究一下我们党内斗争的第一手材料，就会很容易认识到，罗莎·卢森堡同志所说的什么'极端集中制'，必须逐步实行集中制等等，具体地说，从实际上说，是对我们代表大会的嘲笑，抽象地说，从理论上说（如果这里可以谈到理论的话），是把马克思主义庸俗化，是对马克思的真正辩证法的歪曲，等等。"[1]

那么，情况真的是像列宁说的卢森堡在歪曲他的思想吗？卢森堡充分考虑了当时俄国革命的社会历史条件，俄国是一个专制国家，缺乏民主自由，同时工人运动中有机会主义、工联主义和非集中化倾向。但卢森堡强调，这些并不能说明在工人阶级政党内部实行集中制的必要性。从实现社会民主党这个战斗的党的任务来看，组织上的集中主义乍一看来似乎是必要的，但无产阶级革命重要的不仅仅是它的形式，更重要的是它的实际内容。在全部革命过程中，都要依靠群众和群众直接的参与。因此，党的组织基础不能建立在党的战士对党的中央机关的绝对的

---

[1]《列宁全集》第9卷，人民出版社1987年版，第35、45页。

和盲目服从上，如果工人群众对党的机关活动不能进行监督反而由中央委员会对革命工人阶级的活动的监督来代替，这是十分错误的。所以，卢森堡明确地说："对俄国社会民主党来说，无论过去和现在都毫无疑问的是，它不能建立一个由许许多多民族的和省份的独立组织联合起来的联邦团体，而必须在俄国建立一个统一的紧密团结的工人政党。至于在团结统一的俄国社会民主党内部，关于集中程度的大小和集中化的更准确的性质，那是另外一个问题。"[①]同时，我们应该认识到，卢森堡反对的是集中制，而不是民主集中制。因为列宁的民主集中制思想有一个发展过程。在1904年写《进一步，退两步（我们党内的危机）》时，他强调的是建立严格集中制的党组织，认为整个党组织和党的活动的一个重要的原则是在思想上和实践中领导运动和无产阶级革命的斗争，需要尽可能的集中。在1905年12月布尔什维克塔墨尔福斯代表会议上，首次使用了民主集中制这一概念。1906年4月，俄国社会民主工党第四次代表大会又第一次把民主集中制原则写进党章。但这时，列宁和他的党只是提出了这一原则，并没有具体系统地阐述它的内容。直到1918年3月，列宁在《民主集中制与无政府主义是根本对立的》一文中，才从组织原则上阐述了民主集中制的基本含义。1919年共产国际成立后，又具体规定了民主集中制的基本原则和对民主集中制作了进一步的解释。1920年7月，《加入共产国际的条件》规定：加入共产国际的党，应该是按照民主集中的原则建立起来的。从而把这一原则推广到各国无产阶级政党的建设中，成为各国共产党普遍遵循的组织原则。在列宁还没有具体阐述民主集中制原则的时候，卢森堡也没有可能对这一原则评头论足。

[①]《国际共运史研究资料　增刊》（卢森堡专辑），人民出版社1981年版，第42页。

　　但也要强调，列宁在当时所提出的集中制思想并没有什么错，是符合当时阶级斗争现实和革命形势要求的。正如列宁所强调的，工人阶级政党只有将它的所有党员组织成一个由统一意志、统一行动、统一纪律的整体，才能切实有效地领导工人阶级的斗争，并把它引向一个统一的方向和目标。"从前，我们党还不是正式的有组织的整体，而只是各个集团的总和，所以在这些集团间除了思想影响以外，别的关系是不可能有的。现在，我们已经成为有组织的政党，这也就是说造成了一种权力，思想威信变成了权力威信，党的下级机关应该服从党的上级机关。"[①]布尔什维克党只有克服孟什维克的组织涣散性，才能建立一个能够领导无产阶级革命的新型无产阶级政党。那么，究竟什么是列宁和卢森堡的分歧所在呢？或者说两人争论的实质是什么呢？这就是关于党的组织原则问题，也就是集中制能不能构成无产阶级政党的一般组织原则。卢森堡并不是简单地反对列宁当时在俄国党内实行集中制原则，而是反对把集中制作为无产阶级政党普遍的组织基础，这是他们争论的实质所在。列宁在当时批驳卢森堡的反对意见时，除强调当时实行集中制的客观原因外，也承认集中制的实行是渐次的过程，而集中制是不得已而为之。但卢森堡坚持认为，集中制可以作为无产阶级斗争的一种策略，但绝对不能成为无产阶级政党的组织基础，而这恰恰是她同列宁的根本分歧所在。在列宁看来，高度集中、高度统一的党是实现无产阶级革命所必须。而卢森堡反复强调要实行党内民主，发挥广大党员的政治积极性。卢森堡指出，对俄国党来说，无论在过去和现在，毫无疑问的是，它不能建立一个由许许多多的独立组织联合起来的联邦团体，而必须建立一个统一的紧密团结的工人政党，但在统一的党的内部是不是实行集中制则是另外的问题。卢森堡相信在一定的条件下，集中制是可行

①《列宁全集》第 7 卷，人民出版社 1959 年版，第 360 页。

的，这一条件就是：拥有一个人数众多的在政治斗争中受过训练的无产者阶层；他们有用直接施加影响（对公开的党代表大会和在党的报刊中等）的办法来表现自己的活动能力的可能性。而这一条件在俄国革命中还没有形成，并没有达到列宁所希望的无产阶级有很高的觉悟、判断力和自愿的自觉的纪律。因此，特殊历史条件下的集中制不应成为党的普遍的组织形式。

列宁和卢森堡这场关于集中制原则的争论已经过去 100 多年，重温他们在争论中所提出的观点，并不是一定要分出对错，而是要进一步思考，工人阶级政党采取什么样的组织形式才能保持它的凝聚力和战斗力，同时又不断增强它的活力和生命力。无疑，我们对卢森堡的这一观点是赞同的，即集中制不应成为无产阶级政党的一般组织形式。集中制的组织原则是俄国党特殊历史条件下的特殊产物，既不能代表列宁在组织问题上的全部思想，更不能由此作为无产阶级政党的普遍组织原则。应该说，十月革命的成功很大程度上是列宁建立了一个具有极严格的纪律和中央实行高度统一领导的党的结果，但不能由此推论，说党的普遍的组织基础就是集中制。这一点，列宁也是承认的，只有这样才能解释列宁为什么强调我们的集中制是"民主的"集中制。实际上，卢森堡的批评对后来列宁阐述民主集中制的基本原则起了重要作用，这种阐述很大程度上是对卢森堡批评的回应。但是，第一，不能把"集中制"当作民主集中制。长期以来，在涉及党的组织原则时，往往都强调《进一步，退两步（我们党内的危机）》一书奠定了党的组织建设的基本原理，为后来提出民主集中制原则打下了基础。实际上，整个《进一步，退两步（我们党内的危机）》一书核心是阐述集中制思想，它并不是对无产阶级政党根本组织原则——民主集中制的概括。因此，我们不能把党的民主集中制原则的含义界定在《进一步，退两步（我们党内的危机）》一书阐述的集中制范畴内。第二，在党的建设的实践中全面准确理解和贯彻民主集中制。要正确处理民主和集中的关系，不能把客观因素当借口。应该说，列宁对民主和集中的关系的看法是辩证的，随着俄国历史条件的变化而不断改变强调的重点。考虑到斗争发展的各个历史阶段不同的斗争任务，这样做也可以理解。但制度是让大家遵守的，贯彻民主集中制，尤其是把它作为党的根本组织原则来讲，民主和集中是一个整体，是不可分割的，不能在自己的工作中各取所需。有的时候，坚持这一原则的整体性可能会影响自己的工作，但这只是暂时的。从长远来看，它符合党的根本利益。长期以来，在工人阶级政党的建设过程中，我们制定了一些民主集中制的基本原则，但这些还远远不够。这一方面是因为执行得不够，另一方面是因为我们在贯彻民主集中制过程中还缺少具体的规章制度和方式方法，如何使民主集中制这一党的根本组织原则成为具体和可操作的东西正是我们党自身建设的努力方向。第三，把发展党内民主作为工人阶级政党的重要原则。共产党是根据自己的纲领和章程，按照民主集中制原则组织起来的统一整体。因此，党内民主是党的肌体和运行机制中必不可少的部分，执政条件下的党内民主更关系到党的执政地位的巩固和人民民主的发展。马克思、恩格斯在创建"共产主义者同盟"的过程中，就强调要摒弃以布朗基派为代表的一些工人政党宗派、等级、密谋的性质而实行民主的原则，即"组织本身是完全民主的，它的各委员会由选举产生并随时可以罢免"。共产党作为工人阶级的先锋队组织，从建党的那一天起，就把民主写在了自己的旗帜上。一个为着消灭一切不平等，最终实现人民彻底解放而奋斗的政党，没有理由在自己的活动中排斥民主原则。更重要的是，共产党是广大党员按照自愿原则结合起来的、为着共同的理想和目标奋斗的组织，在它的各成员之间也必然是平等的。所以，党内民主是共产党的本质特征，也是共产党建设和发展的内在要求。

二、遵义会议树立了典范

1934 年 10 月，由于"左"倾教条主义者的错误领导，红军第五次反"围剿"失败，中共中央率领红一方面军开始长征。经过长征前期通道会议、黎平会议、猴场会议的准备，遵义会议成为历史发展的必然。遵义会议在充分发扬民主的基础上，作出一系列具有历史意义的决定，实现了中国革命的历史性转折。

会上，中央主要负责人博古把第五次反"围剿"失败归于帝国主义和国民党力量的强大，白区地下党和各个革命根据地配合不够等，不承认主要是由他和李德在军事指挥上犯了严重错误造成的。周恩来随之就军事问题作了报告，他指出第五次反"围剿"失败的主要原因是军事领导的战略战术的错误，并主动承担责任，作了诚恳的自我批评，同时也批评了博古和李德。之后，张闻天作了反对"左"倾军事错误的报告。接着毛泽东作了长篇发言，对博古、李德在军事指挥上的错误进行了切中要害的分析和批评，并阐述了中国革命战争的战略战术问题和此后在军事上应该采取的方针。王稼祥也发言支持毛泽东。周恩来、朱德、刘少奇等多数与会同志又相继发言，不同意博古的总结报告，赞成毛泽东、张闻天、王稼祥的意见。只有凯丰为博古、李德的错误辩解，而李德则拒绝接受批评。有这样的会议场面，有这样的会议氛围，有这样的会议效果，与党的民主集中制是分不开的，遵义会议最大限度地体现了民主集中制原则，成为党史上民主集中制的典范。

中国共产党人把马克思主义党的学说与关于民主集中制的原理与中国共产党的建设实践相结合，使中国共产党按照民主集中制原则建立起来并且一开始就是按照这一原则开展党的活动。中国共产党不但坚持了民主集中制，还在多个层面上发展了民主集中制。

民主集中制是民主基础上的集中和集中指导下的民主相结合的制度。民主集中制是党的根本组织原则和组织制度，是我们党最巨大的组织优势。广大共产党员要充分认识坚持和健全民主集中制的重大意义及民主集中制的基本要求，坚持和健全民主集中制的基本举措，增强党的组织观念。

党的历史表明：民主集中制对党内其他具体制度具有制约和规范作用。党的制度建设是一项系统工程，党内制度是一个制度体系。然而，在党的各种制度当中，民主集中制是根本的。其他具体制度的制定都要以民主集中制为根据，都是对民主集中制根本制度在党内生活各个领域的展开和体现。如党的组织制度、领导制度、工作制度、生活制度等，都是民主集中制制度在党的组织、领导、工作和生活中的具体运用。党的领导制度，即集体领导和分工负责相结合的制度是民主集中制原则在党的领导活动中的运用和具体化；党的工作制度是民主集中制在党的职能部门运行机制中的运用和具体化；党的生活制度是民主集中制在党内生活、党内关系的运用和具体化。可见，党的各项制度、原则的基础和核心是民主集中制。因而民主集中制不仅是党组织成为有机统一整体的基本依据，是处理党内各种矛盾关系的基本依据，还是我们党制定各项具体制度的基本依据，更是我们党把党的高度统一性与发挥全体党员的创造性结合起来的根本性指导原则。

民主集中制是实现党的正确领导的重要保证。党的建立和存在的必要性，是同党的领导作用相联系的。在党处于执政地位的今天，党的领导的实现，主要是靠把党的正确的路线方针政策经过法定程序变为国家意志。可见，党的正确的路线方针政策是实现党的领导的重要条件。然而，党怎样才能制定出正确的路线方针政策，怎样才能正确地执行自己的路线方针政策呢？除了科学理论的指导之外，最重要的就是靠党内民主的充分发挥，靠全党的集体智慧。这就是民主集中制中民主的基本要求。同时，党员的个人意见，如果不加以集中，就永远只能是个人意见而不可能成为党的主张，不可能成为党的路线方针政策。因此，党的组织就必须把分散的党员个人意见按照少数服从多数的原则集中起来。这就是民主集中制中集中的基本要求。同时，实现党的领导，除了有正确的路线方针政策之外，还要有完善的领导制度，民主集中制则是党的根本领导制度。同时，民主集中制既强调充分发扬民主，集中全党的智慧和力量；又强调高度集中，实现全党的高度一致。这样既能保证党的领导决策的正确性，又能保证党的领导决策在实践中的贯彻执行，从而实现党的正确领导。

民主集中制是关系党和国家命运的重大问题。我们党在长期的实践中所形成的组织制度、领导制度、工作制度、生活制度和监督制度，都体现着民主集中制的原则。同时，民主集中制也是国家政权的组织原则。新中国成立后，我们党把这种制度运用于政权建设，在国家机构中实行民主集中制的原则。民主集中制写进了党章，载入了宪法。邓小平指出，民主集中制是党和国家的最根本的制度，坚持和完善这一制度，是关系我们党和国家命运的事情。苏联解体、东欧剧变的一个重要原因，就是那里的共产党长期违背民主集中制，最终放弃民主集中制。可见，能否坚持和正确贯彻民主集中制原则，是关系无产阶级政党、社会主义政权生死存亡的重大问题。不仅如此，能否正确贯彻民主集中制，也关系到党的领导干部特别是主要领导干部能否健康成长。现实中许多"一把手"腐败的问题，多发生于民主集中制受到严重破坏的地方和人的身上。鉴于此，习近平总书记在中国共产党第十八届中央纪委二次全会上的重要讲话中指出："要加强对一把手的监督，认真执行民主集中制，健全施政行为公开制度，保证领导干部做到位高不擅权、权重不谋私。"[1] 时隔一

---

① 中共中央文献研究室编：《习近平关于全面依法治国论述摘编》，中央文献出版社 2015 年版，第 110 页。

年，习近平总书记在中国共产党第十八届中央纪委三次全会上又一次强调："民主集中制、党内组织生活制度等党的组织制度都非常重要，必须严格执行。"[1]

党的历史已经充分表明，民主集中制在党的发展中具有不可替代的作用。正如习近平同志在 2012 年全国创先争优表彰大会上指出的那样，民主集中制是"正确规范了党内政治生活、处理党内关系的基本准则，是反映、体现全党同志和全国人民利益与愿望，保证党的路线方针政策正确制定和执行的科学的合理的有效率的制度"。

三、"我们党最大的制度优势"

民主集中制是我们党的根本组织制度和领导制度，是科学的合理的有效率的制度，是我们党最大的制度优势。中国共产党坚持了民主集中制，发展创新了民主集中制。什么是民主集中制原则呢？《中国共产党章程》规定，民主集中制是民主基础上的集中和集中指导下的民主相结合。它既是党的根本组织原则，也是群众路线在党的生活中的运用。必须充分发扬党内民主，尊重党员主体地位，保障党员民主权利，发挥各级党组织和广大党员的积极性创造性。必须牢固树立政治意识、大局意识、核心意识、看齐意识，坚定维护以习近平同志为核心的党中央权威和集中统一领导，保证全党的团结统一和行动一致，保证党的决定得到迅速有效的贯彻执行。加强和规范党内政治生活，增强党内政治生活的政治性、时代性、原则性、战斗性，发展积极健康的党内政治文化，营造风清气正的良好政治生态。党在自己的政治生活中正确地开展批评和自我批评，在原则问题上进行思想斗争，坚持真理，修正错误。努力造

---

[1]《习近平谈治国理政》第 1 卷，外文出版社 2018 年版，第 396 页。

成又有集中又有民主，又有纪律又有自由，又有统一意志又有个人心情舒畅生动活泼的政治局面。贯彻执行民主集中制，既不能离开民主讲集中，也不能离开集中讲民主，必须把二者有机地统一起来。

党章规定的民主集中制基本原则包含的内容有六点：

（一）党员个人服从党的组织，少数服从多数，下级组织服从上级组织，全党各个组织和全体党员服从党的全国代表大会和中央委员会。

（二）党的各级领导机关，除它们派出的代表机关和在非党组织中的党组外，都由选举产生。

（三）党的最高领导机关，是党的全国代表大会和它所产生的中央委员会。党的地方各级领导机关，是党的地方各级代表大会和它们所产生的委员会。党的各级委员会向同级的代表大会负责并报告工作。

（四）党的上级组织要经常听取下级组织和党员群众的意见，及时解决他们提出的问题。党的下级组织既要向上级组织请示和报告工作，又要独立负责地解决自己职责范围内的问题。上下级组织之间要互通情报、互相支持和互相监督。党的各级组织要按规定实行党务公开，使党员对党内事务有更多的了解和参与。

（五）党的各级委员会实行集体领导和个人分工负责相结合的制度。凡属重大问题都要按照集体领导、民主集中、个别酝酿、会议决定的原则，由党的委员会集体讨论，作出决定；委员会成员要根据集体的决定和分工，切实履行自己的职责。

（六）党禁止任何形式的个人崇拜。要保证党的领导人的活动处于党和人民的监督之下，同时维护一切代表党和人民利益的领导人的威信。

这六条，是中国共产党长期以来在实行民主集中制方面的经验总结。

一是"四个服从"。"四个服从"，即党章规定的党员个人服从党的组织，少数服从多数，下级组织服从上级组织，全党各个组织和全体党员服从党的全国代表大会和中央委员会。这"四个服从"，明确规定了党内各种矛盾关系及其处理的正确准则。党内的矛盾关系主要表现为：党员个人与党的组织、党员多数与少数、党的下级组织与上级组织、党的组织与党员同党中央之间的矛盾。正确处理这些矛盾关系，按民主集中制要求，党员个人服从党的组织，少数服从多数，下级组织服从上级组织，全党各个组织和全体党员服从党的全国代表大会和中央委员会。"四个服从"是我们正确处理党内矛盾关系的基本准则，这是由以下四个原因决定的。

第一，党的组织是一个整体。党要求自己的党员必须服从组织领导，遵守组织纪律，执行组织决议，完成组织分配的任务。每一个党员是党的一分子，只有个人服从组织，党才能形成统一整体。如果党员可以随意脱离党的组织，对党组织的决定不履行执行的义务，那就不能称为一个党员，而党组织也就成为一盘散沙，就不能成为工人阶级的先锋队，就没有战斗力。从根本上说，党组织的决定反映和集中了大多数党员的要求和意见，是正确和比较正确的。服从组织的决定，就是服从大多数党员的意见。在某些情况下，党员个人意见和党组织的意见也会出现不一致，这时，党员个人意见可以保留，并且可以将自己的意见向党的上级组织直至中央提出。但是为了维护党组织的集中统一，个人在行动上必须服从组织决定。因此，当党员个人与党组织发生矛盾时，民主集中制要求个人服从组织。这样才能保持组织成员的行动一致，才能体现和发挥党的组织优势。在这方面，习近平总书记向全党特别是各级领导干部提出了明确而严格的要求。如在中国共产党第十八届中央纪委三次全会上，习近平总书记讲道："党的力量来自组织，组织能使力量倍增。我们共产党人特别是领导干部都应该心胸开阔、志存高远，始终心系党、心系人民、心系国家，自觉坚持党性原则。全党同志要强化党的意识，牢记自己的第一身份是共产党员，第一职责是为党工作，做到忠诚于组织，任何时候都与党同心同德。全党同志要强化组织意识，时刻想到自己是党的人，是组织的一员，时刻不忘自己应尽的义务和责任，相信组织、依靠组织、服从组织，自觉接受组织安排和纪律约束，自觉维护党的团结统一。"①

第二，党组织在讨论和决定问题时，由于党员个人的文化水平不同，工作经历不同，看问题的角度不同，产生的看法不同，形成多数和少数，这是一种很正常的现象。民主集中制要求少数服从多数，即按照多数人的意见作出决定，少数人在自己的意见被否决之后，必须拥护和执行多数人的决定。除必要时在下一次会上再提出讨论外，不得在行动上有任何反对的表示。在做出决定的过程中，党组织要认真对待少数人的意见。如对重要问题发生争论，双方人数接近，除了在紧急情况下必须做出决定外，应当暂缓做出决定，进一步调查研究，交换看法，下次再表决；在特殊情况下，也可把双方争论的情况向上级组织报告，请求裁决。

第三，在党的组织体系中，存在着上级组织与下级组织，它们之间的关系是领导与被领导的关系。因此，在一般情况下，下级组织要主动向上级组织请示报告工作，要服从上级组织的领导和指挥；上级组织也要尊重下级组织，保证下级组织正常地行使职权，相信和激励下级组织的积极性和创造性。但是当上、下级组织出现意见不一致的情况时，下级服从上级，下级必须坚决执行上级组织的决定。除向再上一级组织报告外，不得公开发表不同意见。决不允许对上级指示采取实用主义的态度，合意的就执行，不合意的就不执行。如果上级的指示、决定不适合当地的情况，可以向上级组织提出意见，说明情况，但必须在上级组织同意后才能加以调整或改变。在紧急情况下，下级组织来不及请示上级组织而又必须马上做出决定时，可以边行动边报告，或事后报告，请求批准。

---

①《习近平谈治国理政》，外文出版社 2014 年版，第 395—396 页。

　　第四，党的最高领导机关是党的全国代表大会和它产生的中央委员会。党的中央组织是党的首脑机关，是党的领导核心，是全党利益和意志的集中代表者，又是率领全党行动的最高权威。党的全国代表大会和它产生的中央委员会在党的组织体系中的这种最高地位和最高权力，决定了党的各级地方组织和基层组织以及全体党员都处于它的领导之下，全党都要服从中央，都必须紧密地团结在中央的周围，同中央在思想上组织上政治上行动上保持高度一致。有关全国性的重大政策问题，只有党中央有权做出决定，各部门、各地方的党组织可以向中央提出建议，反映情况，但不得擅自做出决定和对外发表主张或意见。只有这样，党才能履行自己的职责，维护整体的利益。当某些或某个党组织、某些或某个党员与党中央发生矛盾时，民主集中制要求全党服从中央，从而保证全党在中央基础上的一致。总之，如果说在党的纪律体系中，最重要的是政治纪律，那么全党服从中央，是我们党政治纪律中最高、最重要的政治纪律。因此，习近平总书记多次强调，遵守党的纪律最重要的是遵守党的政治纪律；同时习近平总书记反复要求，党的各级组织要加强对党员、干部遵守政治纪律的教育，党的各级纪律检查机关要把维护党的政治纪律放在首位，确保全党在思想上政治上行动上同党中央保持高度一致。

　　二是党的各级领导机关由选举产生。党的各级领导机关，除了它们派出的代表机关和在非党组织中的党组外，都由选举产生。这就明确规定了党的各级领导机关及其产生办法，即规定了党内选举制度。党内选举制，是党的组织制度的重要组成部分，是由党章规定的有关选举党的各级领导机关和党的代表大会代表的制度。实行党内选举制的意义和作用主要表现在：体现民主集中制的基本要求，保证党的领导集体和领导成员权威性的重要途径，实现党员决定和管理党内事务的重要方法，体现选举人意志的重要方式，贯彻党的干部路线的重要保证。

三是党的各级领导机关及其产生。党章规定：党的最高领导机关，是党的全国代表大会和它所产生的中央委员会；党的地方各级领导机关，是党的地方各级代表大会和它们所产生的委员会。党的各级委员会向同级党的代表大会负责并报告工作。这就明确规定了党的各级领导机关即各级党委，同时也明确规定了各级党委的职责即向同级党的代表大会负责并报告工作。因为各级党委是由其同级代表大会产生的。

四是党的上下级组织之间的关系。党章规定：党的上级组织要经常听取下级组织和党员群众的意见，及时解决他们提出的问题。党的下级组织既要向上级组织请示和报告工作，又要独立负责地解决自己职责范围内的问题。上下级组织之间要互通情报、互相支持和互相监督。党的各级组织要使党员对党内事务有更多的了解和参与。这就明确规定了党内上下级组织之间的关系以及如何正确处理党内上下级关系。

五是党的领导制度。党章规定：党的各级委员会实行集体领导和分工负责相结合的制度。凡属重大问题都要按照集体领导、民主集中、个别酝酿、会议决定的原则，由党的委员会集体讨论，作出决定；委员会成员要根据集体的决定和分工，切实履行自己的职责。这就明确规定了党的领导制度，即各级党委如何实施领导。党的各级委员会实行集体领导和个人分工负责相结合的制度，有两个方面的基本要求。

第一，重大问题由委员会集体讨论决定。凡属重大的问题，如涉及党的路线方针政策的大事、重大任务的部署、重要干部的任免、群众关注的重要问题以及上级党组织要求必须由党委集体讨论决定的问题，应根据情况分别提交党的委员会、常委会或书记处、党组集体讨论，按照少数服从多数的原则，作出决定，而不得由个人专断。在任何情况下，都不得用其他形式的组织取代党委会及其常委会的领导。

第二，集体领导和个人分工负责相结合。在党的各级委员会内部，要明确地规定各个领导成员所负的具体责任，做到事事有人管，人人有专责。每个领导成员要根据党委的集体决定，切实履行自己的职责，认真负责地开展工作，防止和克服无人负责、互相推诿的现象发生。所以，集体领导和个人分工负责，二者是相联系、相统一的，二者不可分割，不可偏废。

实行集体领导和个人分工负责的领导制度的必要性在于：只有坚持集体领导，才能保证党的领导的科学性和正确性。任何个人包括杰出的领袖人物，经验和智慧都是有限的，都有他的主观性及片面性等局限性，都不可能对所有的事物进行彻底的了解和绝对正确的判断。特别是在当代社会，环境的变化越发迅速，信息的传播越发迅速，事物的复杂性越发增强，领导决策的不确定性因素越发增多，领导过程中的不可测性越发增大，因此，任何个人决策、经验决策都有可能导致决策失误和领导失效。而实行集体领导，可以发挥党委每个成员的积极性和责任心；可以集中大家的经验和智慧，增长和发挥多数人的才干；可以增强集体监督；可以保持党委领导的稳定性和连续性，从而保证党的决策和党的领导正确和有效。同时党委成员个人分工负责，这样可以使党委集体智慧与党委成员的个人智慧得到有效发挥和最佳结合，既可以防止以集体领导为借口而引发的无人负责现象，又可以发挥每个党委成员的强项和优势，认真负责地把党委的决策落实到实际工作中。

六是党的领袖与群众的关系。党章规定：党禁止任何形式的个人崇拜。要保证党的领导人的活动处于党和人民的监督之下，同时维护一切代表党和人民利益的领导人的威信。这就明确规定了党的领袖与党员群众之间的关系以及如何正确处理领袖与群众的关系。正确处理党的领袖与群众的关系，要从两个方面做起。

第一，党的领袖与党员群众的关系是领导与被领导的关系。党的领袖是党内最有威信、最有影响、最有经验、被党员群众选举出来担任最重要职务的领导集体。因此，党的领袖是党的路线方针政策的制定者，是执行党的路线方针政策的组织者和指挥者，是党员群众赖以团结和凝聚的核心，在党的事业中具有非常重要的地位和作用。党员群众必须接受和服从党的领袖的领导，自觉维护一切代表党和人民利益的领导人的威信，自觉同党中央保持高度一致。

第二，党的领袖与党员群众的关系，又是辩证统一的相互依赖的关系。领袖的领导与群众的被领导是不可分割的。党的领袖是在党员群众的斗争实践中产生的，离开了党员群众的集体，党的领袖就会成为孤家寡人。因此，禁止任何形式的个人崇拜，保证党的领袖的活动处于党和人民的监督之下。对党的领袖的宣传要实事求是，禁止无原则的歌功颂德，更不能歪曲历史和捏造事实，迎合某个领导人的喜好。党员群众对党的领袖的尊重和爱戴，不是建立在个人情感和个人恩怨的基础上，而是建立在革命、建设和改革的斗争实践基础之上的。党的领袖是人不是神，任何领袖也都有其特定的局限性。所以，对党的领袖搞个人崇拜，是不符合马克思主义基本原理的，必然在实践中产生可悲的后果。

第十章
"加强纪律性，革命无不胜"

　　1948 年 11 月 11 日，毛泽东在西柏坡给东北野战军负责人和各中央局、各前委负责同志发出一封电报。此时，辽沈战役刚刚结束，淮海战役正在进行，平津战役即将开始，人民解放军在各大战场的节节胜利使得原来预计需要 5 年的解放战争进程大为缩短，中国革命已经进入一个新的历史转折点。毛泽东在电报中指出，再有一年左右时间即可从根本上打倒国民党。但毛泽东同时又告诫："要全部解决国民党并占领全国，则尚须要更多的时间。我党我军仍须稳步前进，不骄不躁，以求全胜。我们的口号是：'军队向前进，生产长一寸，加强纪律性，革命无不胜。'"①

　　严肃党纪是中国共产党的一个传统，是实现全党的

---

①《毛泽东文集》第 5 卷，人民出版社 1996 年版，第 194 页。

统一意志、统一行动，充分发挥党的其他各方面优势的重要保证。制度治党离不开党的纪律，纪律建设是新时代党的建设的重大理论和实践创新，是全面从严治党的治本之策，必须把纪律挺在管党治党的最前面，为其他各项建设提供保障。"制度面前人人平等，执行制度没有例外"所体现的制度治党之约束力，是中国共产党从小到大、由弱到强，不断从胜利走向胜利的重要保障。因此，习近平总书记指出："全面从严治党，重在加强纪律建设。"①党的十九大把纪律建设纳入党的建设总体布局，突出了纪律建设这一治本之策。

① 中共中央文献研究室编：《习近平关于全面从严治党论述摘编》，中央文献出版社 2016 年版，第 111 页。

一、严格遵守党规党纪

在 1939 年 5 月的中共中央机关刊物《解放》上，一篇题为《为什么要开除刘力功的党籍》的文章赫然入目。这篇认真贯彻民主集中制、严肃党纪的文章就是出自陈云之笔。陈云指出，刘力功在 1938 年加入了共产党，并且在抗大毕业以后又进了党的训练班，专门学习了一次党的建设的课程。当他在训练班毕业时，党组织根据他在学习过程中的表现，给他作了鉴定，认为他"非常自高自大，有不少共产党员所不应有的观点"，又是工作无经验的新党员，因此党组织决定让他到基层工作中去锻炼。刘力功则坚持要进马列学院或回原籍（离延安很远）工作，否则就退出党。为教育新党员，党组织曾经与他谈过七次话。在第一次谈话中他声明退出党的说法是错误的，但是仍旧坚持自己不到基层工作的意见。党组织认为马列学院是党的比较高级的学校，不能接收像刘力功这样思想意识极端错误的分子，认为派他回原籍工作，只是满足了他的家庭观念，非但不能对当地工作有帮助，而且有害于事，因此拒绝了他的要求。在最后一次谈话中，党组织告诉他："个人服从组织"是党的纪律，要你到华北去做下层工，这是党的决定，必须服从。可是他还是要求党接受他的意见，实际上是要"组织服从个人"。最后党组织给他一个时间去反省自己的错误，几天以后，他声明愿意到华北去，但是又提出条件，一定要到八路军总司令部工作。党不同意他的意见，他就干脆拒绝执行党的决定。中央党务委员会认为，党已尽了最大的努力，对刘力功进行说服教育工作。党的纪律不容任何人破坏。刘力功违反了党的纪律，又不接受党的教育，不愿改正自己的错误，因此，党组织决定开除其党籍，并公布于全党。

党的纪律是指党的组织和全体党员共同遵守的党内行为规范，纵观近百年的发展史，我们党之所以能从弱到强，不断从胜利走向新的胜利，靠的就是铁的纪律做保证。正如习近平总书记所说："党面临的形势越复杂、肩负的任务越艰巨，就越要加强纪律建设，越要维护党的团结统一。"①党的团结统一靠什么来保证？要靠共同的理想信念，靠严密的组织体系，靠全党同志的高度自觉，还要靠严明的纪律和规矩。如果纪律松弛、规矩不彰，治党不力、管党不严，党组织就会成为一盘散沙，失去凝聚力和战斗力。强化纪律建设，把纪律立起来、严起来，才能够确保全党形成统一意志、统一行动、步调一致的有机体，才能够确保党有效发挥坚强的领导核心作用。党纪党规是坚决不能触碰的底线、雷区、红线，要把党纪党规作为管党治党的底线和标尺。尺子，是因为上面有非常规范和精准的刻度，才最终成为测量物体长度的准绳。党的纪律也是一样，党的纪律是多方面的，党章党规党纪字字句句都非常清楚，用纪律的底线和标尺去衡量、规范、约束党员干部的行为，就是要把党的纪律要求严格贯穿到党的建设各项工作之中去，严格用党章党规党纪来维护党的理想信念宗旨、建强党的组织、纯洁党的队伍、严肃党内生活、改进党的作风，把党的纪律要求贯穿于党的思想建设、组织建设、作风建设、反腐倡廉建设和制度建设的各个领域、各个方面、各个环节，融入党的肌体细胞之中，落实到对每一名党员干部的日常管理监督之中，真正做到一把尺子量到底，一寸不让，使我们党永葆先进性。

2015年10月中共中央印发的《中国共产党廉洁自律准则》坚持正面倡导、重在立德，为党员和党员领导干部树立了看得见、够得到的高标准，展现了共产党人的高尚道德情操，是向全体党员发出的道德宣示和对全国人民的庄严承诺。而同时印发的《中国共产党纪律处分条例》把

①《习近平谈治国理政》，外文出版社2014年版，第386页。

纪律分为六大类，即政治纪律、组织纪律、廉洁纪律、群众纪律、工作纪律和生活纪律，开列负面清单，重在立规，划出了党组织和党员不可触碰的底线。党的十九大将纪律建设纳入新时代党的建设总体布局，在党章中充实完善了纪律建设相关内容。党的十九大之后，党中央决定根据新的形势、任务和要求，对条例予以修订完善。修订后的《中国共产党纪律处分条例》于2018年10月1日起施行。

二、严明党的政治纪律

党的十八大以来，以习近平同志为核心的党中央以刮骨疗毒的决心查处了周永康、薄熙来、郭伯雄、徐才厚、令计划等严重违纪违法案件。周永康、薄熙来、郭伯雄、徐才厚、令计划等滥用党和人民赋予的权力，政治上变质、经济上贪婪、道德上堕落、生活上腐化，严重违法违纪，甚至于危害到国家的安全，走向了人民的对立面，成了历史的罪人。在他们的罪行上，首先就是严重违反党的政治纪律和政治规矩，政治野心膨胀，权欲熏心，大搞非组织活动，甚至公然阻碍改革进程，企图影响政治格局，分裂党、背叛党、损害党，破坏了党的团结统一。

我们党是肩负着历史使命的政治组织，必须有严明的政治纪律和政治规矩。在实践中，我们党历来把政治纪律作为最重要、最根本、最关键的纪律，并把其放在党的各项纪律的首位。1927年党的五大关于《组织问题议决案》中，第一次明确提出了"政治纪律"这个概念，指出："党内纪律非常重要，但宜重视政治纪律。"1980年制定的《关于党内政治生活的若干准则》，就是党的政治纪律的最主要体现。2001年，《中共中央关于加强和改进党的作风建设的决定》强调指出："政治纪律是党的最重要的纪律。"

党的十八大以来，习近平总书记不仅反复强调守纪律、讲规矩，而且特别强调领导干部要严格遵守党的政治纪律。

2013年1月22日，习近平总书记在中国共产党第十八届中央纪律检查委员会第二次全体会议上的重要讲话中指出，现代政党都是有政治纪律要求的，没有政治上的规矩不能成其为政党。习近平总书记在借鉴世界各国政党强调政治纪律的经验特别是苏联共产党政治纪律动摇的教训的基础上，提出了我们党严明党的政治纪律的意义、内容和要求，指出：严明党的纪律，首要的就是严明政治纪律。遵守党的政治纪律，最核心的，就是坚持党的领导，坚持党的基本理论、基本路线、基本纲领、基本经验、基本要求，同党中央保持高度一致，自觉维护中央权威。习近平总书记还指出，当前，在遵守和维护政治纪律方面，绝大多数党组织和党员干部做得是好的。但是，也有少数党员干部政治纪律意识不强，在原则问题和大是大非面前立场摇摆，有的对涉及党的理论和路线方针政策等重大政治问题公开发表反对意见；有的地方和部门对维护党的政治纪律重视不够，个别的甚至对中央方针政策和重大决策部署阳奉阴违。有的党员干部想说什么说什么，想干什么干什么。有的还专门挑那些党已经明确规定的政治原则来说事，口无遮拦，毫无顾忌，以显示自己所谓的"能耐"，受到敌对势力追捧，对此他们不以为耻、反以为荣。这些问题在党内和社会上造成恶劣影响，给党的事业造成严重损害。党内决不允许有不受党纪国法约束，甚至凌驾于党章和党组织之上的特殊党员。

2014年1月14日，习近平总书记在中国共产党第十八届中央纪律检查委员会第三次全体会议上的讲话中指出：政治纪律是最重要、最根本、最关键的纪律，遵守党的政治纪律是遵守党的全部纪律的重要基础。党的各级组织要加强对党员、干部遵守政治纪律的教育，党的各级纪律检查机关要把维护党的政治纪律放在首位，确保全党在思想上政治上行动上同党中央保持高度一致。习近平总书记还强调：全党同志要强化党的意识，始终把党放在心中最高位置，牢记自己的第一身份是共产党员，第一职责是为党工作，做到忠诚于组织，任何时候都与党同心同德。全党同志要强化组织意识，时刻想到自己是党的人，是组织的一员，时刻不忘自己应尽的义务和责任，相信组织、依靠组织、服从组织，自觉接受组织安排和纪律约束，自觉维护党的团结统一。

2014年10月23日，习近平总书记在党的十八届四中全会第二次全体会议上的讲话中强调："我们党作为马克思主义政党，讲政治是突出的特点和优势。没有强有力的政治保证，党的团结统一就是一句空话。我国曾经有过政治挂帅、搞'阶级斗争为纲'的时期，那是错误的。但是，我们也不能说政治就不讲了、少讲了，共产党不讲政治还叫共产党吗？'纪纲一废，何事不生？'在这里，我要十分明确地说，政治纪律和政治规矩这根弦不能松，腐败问题是腐败问题，政治问题是政治问题，不能只讲腐败问题、不讲政治问题。干部在政治上出问题，对党的危害不亚于腐败问题，有的甚至比腐败问题更严重。在政治问题上，任何人同样不能越过红线，越过了就要严肃追究其政治责任。有些事情在政治上是绝不能做的，做了就要付出代价，谁都不能拿政治纪律和政治规矩当儿戏。"

2015年1月13日，习近平总书记在中国共产党第十八届中央纪委五次全会上的讲话中进一步指出："党的纪律是刚性约束，政治纪律更是全党在政治方向、政治立场、政治言论、政治行动方面必须遵守的刚性约束。"党员领导干部特别是高级领导干部，必须严格遵守政治纪律和政治规矩，以更强的党性意识、政治觉悟和组织观念要求自己。广大党员干部特别是各级领导干部，一定要把遵守政治纪律和政治规矩作为对自身党性的重要考验，对党忠诚度的重要检验。习近平总书记还强调了遵守党的政治纪律应当做到的"五个必须"：遵守政治纪律和政治规矩，必须维护党中央权威，在任何时候任何情况下都必须在思想上政治上行动上同党中央保持高度一致；必须维护党的团结，坚持五湖四海，团结一切忠实于党的同志；必须遵循组织程序，重大问题该请示的请示，该汇报的汇报，不允许超越权限办事；必须服从组织决定，不允许搞非组织活动，不得违背组织决定；必须管好亲属和身边工作人员，不得默许他们利用特殊身份谋取非法利益。"党内绝不允许搞团团伙伙、结党营私、拉帮结派，搞了就是违反政治纪律。"①

2015年10月8日，习近平总书记在第十八届中央政治局常委会第119次会议关于审议中国共产党廉政准则、党纪处分条例修订稿时的讲话指出，要坚持问题导向，把严守政治纪律和政治规矩放在首位。他强调："加强党的纪律建设，要针对现阶段党纪存在的主要问题，更加强调政治纪律和政治规矩。这次修订的条例将纪律整合为政治纪律、组织纪律、廉洁纪律、群众纪律、工作纪律和生活纪律，其中政治纪律是打头、管总的。实际上你违反哪方面的纪律，最终都会侵蚀党的执政基础，说到底都是破坏党的政治纪律。因此，讲政治、遵守政治纪律和政治规矩永远排在首要位置。要抓住这个纲，把严肃其他纪律带起来。"②

2016年1月12日，习近平总书记在中国共产党第十八届中央纪委六次全会上的讲话中强调，领导干部要增强政治警觉性和政治鉴别力，各级干部特别是领导干部要善于从政治上看问题，站稳立场、把准方向，始终忠诚于党，始终牢记政治责任。

从习近平总书记上面有关政治纪律的内容来看，党的政治纪律就是关于党的政治方向、政治目标、政治路线、政治纲领、政治原则等方面

---

① 中共中央纪律检查委员会、中共中央文献研究室编：《习近平关于严明党的纪律和规矩论述摘编》，中央文献出版社、中国方正出版社2016年版，第25—26页。
② 中共中央纪律检查委员会、中共中央文献研究室编：《习近平关于严明党的纪律和规矩论述摘编》，中央文献出版社、中国方正出版社2016年版，第30页。

的纪律，其核心就是维护党的团结统一，坚持党中央的集中统一领导，这是一条根本的政治规矩。除了政治纪律外，在新时代还强化了组织纪律、廉洁纪律、群众纪律、工作纪律和生活纪律。这些纪律涉及个人生活的方方面面，这是一份开列出的负面清单，划出了党员不可触碰的底线。

三、把纪律挺在前面

党要管党、从严治党，靠什么管，凭什么治？就要靠严明纪律。依规治党必须有坚强的制度做保证，首先是把纪律和规矩立起来、严起来，执行要到位。党的性质、宗旨都决定了纪严于法、纪在法前。要把执法、执纪贯通起来，把党的纪律和规矩挺在前面，用党的纪律、规矩管住大多数，使所有党员、干部严格执行党规党纪、模范遵守法律法规。

（一）党的纪律处分的原则、种类和程序

对犯了错误，违反党的纪律的党员，不论资历多老、职位多高、权力多大，都要以党的纪律为标准，真正做到在党纪面前所有党员和党的组织一律平等，没有特殊党员和特殊党组织。任何党员、任何一个党组织，只要违反了党的纪律，就要受到党的纪律的惩罚，以维护党的纪律的严肃性，增强党的纪律的威慑力。但是，党的纪律处分毕竟是关系到党员政治生命的大问题，一定要严格按照纪律处分的原则、种类和程序，严肃进行，切不可有主观随意性。

1.党的纪律处分的原则。党的纪律处分的原则，是正确实施党的纪律处分的根本保证。在实践中，总结我们党多年来的实践经验，实施党的纪律处分必须坚持以下几个最基本的原则和方针。

一是党要管党、从严治党。加强对党的各级组织和全体党员的教育、

管理和监督，把纪律挺在前面，注重抓早抓小。二是党纪面前一律平等。对违反党纪的党组织和党员必须严肃、公正执行纪律，党内不允许有任何不受纪律约束的党组织和党员。三是实事求是。对党组织和党员违反党纪的行为，应当以事实为依据，以党章、其他党内法规和国家法律法规为准绳，准确认定违纪性质，区别不同情况，恰当予以处理。四是民主集中制。实施党纪处分，应当按照规定程序经党组织集体讨论决定，不允许任何个人或者少数人擅自决定和批准。上级党组织对违反党纪的党组织和党员作出的处理决定，下级党组织必须执行。五是惩前毖后、治病救人。处理违反党纪的党组织和党员，应当实行惩戒与教育相结合，做到宽严相济。

2.党的纪律处分的种类。对违反党的纪律的党员，依据其违纪情节的轻重，实施纪律处分的种类分为五种：警告、严重警告、撤销党内职务、留党察看、开除党籍。

警告，是党内纪律处分中最轻微的处分，是对犯错误党员的一种告诫，使之注意和警惕。一般在工作上，由于经验不足或一时疏忽偶尔违反党的纪律，或者错误虽属于思想品质方面，但错误性质和造成的后果又不严重的，可给予这种纪律处分。

严重警告，是对违反党的纪律的党员提出严重告诫。一般是党员所犯错误的性质和程度，比警告处分的要严重一些，但又构不成更严重的党内纪律处分的，可给予严重警告处分。

受警告处分的党员一年内，受严重警告处分的党员一年半内，不得在党内提升职务和向党外组织推荐担任高于现职的党外职务。

撤销党内职务，是对违纪错误性质严重，已不适宜继续担任党内领导职务的党员所实施的纪律处分。党内职务包括党支部、党总支和各级党委的书记、副书记、委员；党组书记、副书记及其成员；党的纪律检查委员会成员及在党委工作部门的领导职务。对于在党内担任两个以上领导职务的，党组织在作处分决定时，应当明确是撤销其某个职务还是撤销其所有职务。如果决定撤销某个职务，则必须撤销其担任的最高职务。如果决定撤销其两个以上职务，则必须从其担任的最高职务开始依次撤销。对于在党外担任领导职务的，党组织可以建议党外组织依照规定作出相应处理。受到撤销党内职务纪律处分的党员，两年内不得在党内担任和向党外组织推荐担任与其原任职务相当或者高于其原任职务的职务。

留党察看，是对严重违反党的纪律的党员作暂时留在党内，以察看其今后表现的纪律处分。留党察看分为留党察看一年、留党察看两年两种。对于受到留党察看一年纪律处分的党员，可视其具体表现，决定是按时解除察看，还是再延长一年留党察看。留党察看的时间最长不得超过两年。党员在留党察看期间，没有表决权、选举权和被选举权。留党察看期间确有悔改表现的，期满后按期恢复党员的权利；坚持错误不改的，应开除党籍；又犯有其他受党纪处分错误的，也应当开除其党籍。受到留党察看纪律处分的党员，党内职务自然撤销。对于在党外组织中担任领导职务的，党组织应当建议党外组织撤销其党外职务。受到留党察看纪律处分的党员，恢复党员权利两年内，不得在党内担任和向党外组织推荐担任与其原任职务相当或者高于其原任职务的职务。

开除党籍，是指党员所犯错误严重违反党的纪律，以至被开除出党的纪律处分，是党内最高的处分。受到开除党籍纪律处分的党员，党内职务自然撤销，且五年内不得重新入党。

3. 对违纪党员实施党纪处分的程序。党的纪律处分程序，是使党的纪律处分有序进行，防止党的纪律处分主观性、随意化，避免错误行使纪律处分权的重要保证。因此，一定要严格执行党关于纪律处分程序和报批权限的规定。

一是对犯错误党员实施纪律处分前，要对违反党纪的党员所犯错误进行调查核实，写出调查报告；与违纪党员谈话，听取违纪党员的说明和申辩；对违纪党员进行帮助和教育，在党小组范围内让党员了解违纪党员的错误事实，拿出对违纪党员实施纪律处分的初步意见。

二是召开支部党员大会，作出对违纪党员的纪律处分决定。支部大会讨论和作出对违纪党员的纪律处分决定时，应通知受处分党员出席会议，并允许其在会上对所犯错误进行检查。支部委员会提出初步处理意见，提交支部大会讨论。在讨论中违纪党员可以为自己申辩，其他党员也可为其辩护。纪律处分决定必须由到会的正式党员进行表决，受处分党员本人有表决权，可以投赞成票或不赞成票。

三是支部大会通过纪律处分决定后，应将处分决定和所依据的材料同受处分党员见面，并让其在处分决定上签署意见，然后按权限逐级上报。如违纪党员拒绝在处分决定上签署意见，支部仍可上报审批，但要注明这一情况。

四是给予撤销党内职务以上纪律处分以及本人对纪律处分有意见的，批准处分的党组织应派人或委托下级纪律检查委员会同受处分党员谈话，听取本人对处分决定的意见，并对其进行教育。

五是上级党组织批准对违纪党员的处分，必须经过党委集体讨论决定。

六是上级党组织对违纪党员的纪律处分决定批复后，由支部在适当范围内宣布，并通知受处分党员。如果本人不服，可以申诉。

违纪党员受处分的时间，从上级党委或纪律检查委员会批准纪律处分之日起生效。

4. 几种特殊情况下的党纪处分问题。在党纪处分实践中，往往会遇到一些特殊情况。一般说来，越是情况特殊，越需要给予更多的关注，才能正确实施纪律处分，使受处分党员心平气和，使其他党员心服口服，更好地体现党的纪律处分在党员教育、管理中的重要作用。

一是党员在留党察看期间又犯了错误需要给予党纪处分的应酌情延长留党察看期或开除党籍。党员在留党察看期间又违反了党的纪律，需要给予党纪处分的，应根据其错误的性质和情节的轻重程度，决定延长其留党察看时间（适用于受留党察看一年处分的违纪党员），或者是开除其党籍，不能再给予其他的党纪处分。对于犯有同类错误或更严重错误的，应该开除其党籍。至于犯了一般性错误的，经教育，如果能够诚恳地认识错误，并决心改正错误，在其他方面还没有完全丧失一个共产党员的条件的，对其错误可作为留党察看期间的表现，到留党察看期满时全面考虑，一并处理。

二是共产党员触犯刑律受到刑罚的可酌情给予开除党籍处分。党章规定：严重触犯刑律的党员必须开除党籍。《中国共产党纪律处分条例》具体规定了党员犯罪，应当给予开除党籍处分的具体操作标准。

三是党员不服纪律处分可以提出申诉。党章规定：党组织对党员作出处分决定，应当实事求是地查清事实。处分决定所依据的事实材料和处分决定必须同本人见面，听取本人说明情况和申辩。如果本人对处分决定不服，可以提出申诉，有关党组织必须负责处理或者迅速转递，不得扣压。对于确属坚持错误意见和无理要求的人，要给以批评教育。

四是支部大会表决纪律处分时应通知党员本人出席、党员本人有表决权。党章规定，在党组织讨论决定对党员的党纪处分或作出鉴定时，本人有权参加和进行申辩，其他党员也可以为他作证和辩护。根据这一规定，支部大会在讨论和决定对党员的纪律处分时，应通知党员本人参加会议，并允许党员本人在会上检查错误或说明情况。支部委员会提出初步处理意见，提交支部大会讨论。在讨论时，党员本人可以为自己申辩，其他党员也可为其辩护。处分决定由到会的正式党员经过支部大会进行表决，在表决中，党员本人有表决权，可以对处分决定投赞成票或不赞成票。这样做可以使党的组织有机会更多地听到受处分党员本人的意见，更好地全面地考虑和处理问题，避免作出片面的甚至错误的决定。同时，这样做也可以使党员本人受到一次深刻的教育，对其认识自己所犯错误的性质和危害，对其今后改正错误争取进步等，都是有好处的。党员本人如因患病或其他特殊原因不能出席会议的，事后支部应将讨论通过的处分决定通知本人。

五是对一个党员同时给予党纪政纪处分时党组织和行政部门要分别履行手续。党组织按照《中国共产党纪律处分条例》，依据党员所犯错误的性质和严重程度，严格履行党纪处分的手续。党的组织在讨论决定对党员的纪律处分时，如认为必须对犯错误党员给予行政纪律处分，可向行政部门提出建议，但均须由行政部门讨论决定和履行行政纪律处分手续。切不可以党代政，由党组织作出政纪处分决定。

六是对党员的党纪处分决定可以改变或取消。党章规定党的各级纪律检查委员会的职责之一，就是检查和处理党的组织和党员违反党的章程和其他党内法规的比较重要或复杂的案件，决定或取消对这些案件中的党员的处分。同时党章也规定：上级纪律检查委员会有权检查下级纪律检查委员会的工作，并且有权批准和改变下级纪律检查委员会对于案件所作的决定。如果所要改变的该下级纪律检查委员会的决定，已经得到它的同级党的委员会的批准，这种改变必须经过它的上一级党的委员会批准。据此可知，对于党员的党纪处分决定是可以改变或取消的。但是，改变对党员的纪律处分决定是有条件的。第一，原纪律处分决定与党员的违纪事实不相符，经过反复的调查研究，核查事实，发现确属原决定处分过轻或过重，此时可以改变原处分决定，给予新的处分决定。第二，原纪律处分决定属于冤案、假案、错案，此时应取消原处分决定，还党员一个清白。

对党员和党组织的处分，如果有不当需要改变处分，或者处分错了需要取消处分，由原决定和批准处分的组织办理。在改变或取消对党员的纪律处分时，如原决定批准处分的组织已撤销，由本人现在的党组织办理。其必须履行的手续是：由本人提出改变或者取消原处分决定的申请；党组织进行原处分决定和处分依据材料的重新核实，此时应进行广泛的调查研究，核实材料，坚持以党的纪律和党员的具体行为事实为依据；在弄清事实的基础上，召开支部党员大会，对原处分决定和所依据的材料，以及重新调查所得到的材料，支部党员进行充分的讨论，按多数党员的意见，作出改变或者取消原纪律处分的决定；将改变或者取消原纪律处分的决定报上级党委审批；将上级党委的意见在支部大会上予以公布，并通知党员本人。

七是党组织领导班子集体作出严重违犯党纪的错误决定并造成严重后果时，对其领导班子成员按责任轻重分别给予党纪处分。党组织领导班子集体作出严重违犯党的纪律的错误决定，并在实践当中造成严重后果的，除应由该党组织领导班子承担主要责任外，还应当按照作出和执行错误决定的领导班子成员的责任轻重，分别给予党纪处分。不能因为错误决定是领导班子集体作出的，就不追究领导班子成员个人应负的责任。因此，对作出严重违犯党纪的错误决定的领导班子中的每个成员，应视其在作出错误决定时所起作用的不同，区别对待，应该给予什么处分，就必须给予什么处分。但是，在执行这种纪律处分时，应与纯属个人犯错误有所区别。

八是在党纪处分中需上报和备案相关材料。在实施党纪处分过程中，下级党组织报请上级党组织审批纪律处分决定的材料和报送上级党组织备案的党纪处分案件材料基本相同。这些材料主要是：支部大会所作出的对党员的处分决定；受处分党员的错误事实的调查报告和主要的证据材料；受处分党员本人的检讨和对支部大会所作的处分决定的意见，如果受处分党员对处分决定有不同意见，应附呈报单位对受处分党员意见的说明；党的纪律检查委员会或党组织的审查意见。另外，如果是复查的案件，还须在报送以上材料的基础上，报送原处分决定和原定案的主要证据材料。

（二）党的纪律检查

党的纪律检查，是由各级党的纪律检查委员会专门行使的一种职权。党的纪律检查委员会，是维护党内法规，维护党的纪律，协助党委加强党风廉政建设的专门机构，是党的重要工作部门。党的各级纪律检查委员会是党内监督专责机关，主要任务是：维护党的章程和其他党内法规，检查党的路线、方针、政策和决议的执行情况，协助党的委员会推进全面从严治党、加强党风建设和组织协调反腐败工作。党的各级纪律检查委员会的职责是监督、执纪、问责，要经常对党员进行遵守纪律的教育，作出关于维护党纪的决定；对党的组织和党员领导干部履行职责、行使权力进行监督，受理处置党员群众检举举报，开展谈话提醒、约谈函询；检查和处理党的组织和党员违反党的章程和其他党内法规的比较重要或复杂的案件，决定或取消对这些案件中的党员的处分；进行问责或提出责任追究的建议；受理党员的控告和申诉；保障党员的权利。各级纪律检查委员会要把处理特别重要或复杂的案件中的问题和处理的结果向同级党的委员会报告。党的地方各级纪律检查委员会和基层纪律检查委员会要同时向上级纪律检查委员会报告。各级纪律检查委员会发现同级党的委员会委员有违犯党的纪律的行为，可以先进行初步核实，如果需要立案检查的，应当在向同级党的委员会报告的同时向上一级纪律检查委员会报告；涉及常务委员的，报告上一级纪律检查委员会，由上一级纪律检查委员会进行初步核实，需要审查的，由上一级纪律检查委员会报它的同级党的委员会批准。

1.党的纪律检查工作人员应该具备的基本素质。党的纪律检查工作是一项有着很高的党性要求、很强的政策性和艰巨性的重要工作，特别是社会主义改革开放和建立社会主义市场经济以来，党内的违纪现象日渐增多，这就更增加了党的纪律检查工作的艰巨性和紧迫性。从实践来看，在查处违纪案件，特别是在查处涉及某些领导干部和领导机关的案件时，往往会遇到复杂的案情，难度较大。因此，正确选拔和任用纪律检查干部，是搞好纪律检查工作的关键。纪律检查干部是党的干部，选拔纪检干部，必须坚持德才兼备、任人唯贤的原则。同时，在选拔任用纪检干部时，又必须突出纪律检查的特色，适应纪律检查工作的特点。因此，做纪检工作的干部应当是有坚强的党性、有一股正气的人；应当是坚持原则，敢于同党内各种不正之风和一切违法乱纪行为作坚决斗争的人；而不应当是在原则问题上"和稀泥"，做和事佬、老好人的人。这是纪律检查干部应当具备的职业品德，也是选拔任用纪律检查干部必须坚持的首要标准。

2. 党的纪律检查工作应坚持的原则。党的纪律检查工作应坚持如下五项原则。一是实事求是原则。处理违反党纪的行为，应当以事实为依据，准确地认定错误性质，区别不同情况，依照党章和党的纪律处分条例的规定恰当地给犯错误的党员和党组织以纪律处分。二是从严治党原则。党的各级组织必须维护党的纪律。对于违反党的纪律的党员和党组织，必须依照党规党纪严肃处理，不得姑息迁就。三是民主集中制原则。对违反党纪的行为的处理，必须经党的委员会或者党的纪律检查委员会集体讨论决定，不允许任何个人或者少数人决定和批准。四是在党纪面前人人平等原则。党内不允许有不受党的纪律约束的特殊党员和特殊党组织，任何党员和党组织违反了党的纪律，都必须受到严肃的追究，都应当受到党的纪律的处分。五是惩前毖后、治病救人原则。处理违反党的纪律的党员和党组织，要实行惩戒与教育相结合，使违纪党员和党组织认清错误，改正错误，给他们创造将功补过的条件和机会。

3. 党的纪律检查机关查处案件的一般程序。党的纪律检查机关查处案件的一般程序，包括以下几项：一是立案审查。就是对于揭发控告的问题在初步摸底调查，确有一定根据的情况下，经过履行批准手续，才能立案，组织检查。二是调查核实。就是通过询问当事人、知情人，索取旁证、物证，到发生问题的现场进行考察，查阅有关档案、资料等方法，了解情况，认真核实，弄清事实，取得确凿的证据。三是定性处理。就是在搞清事实的基础上，依据党的政策和党的纪律，对问题的性质作出准确的判断，对被检查者作出恰当的处理。四是材料归档。就是把办案过程中与定性处理有直接关系的重要事实依据，及批准手续等案卷材料加以整理，做到材料齐全，排列有序，按期移交档案管理部门。

第十一章
一项"新的伟大工程"

　　1939 年 10 月，毛泽东在《〈共产党人〉发刊词》一文中，把党的建设比喻为"伟大的工程"，强调要"建设一个全国范围的、广大群众性的、思想上政治上组织上完全巩固的布尔什维克化的中国共产党"，创造性地提出并解决了在中国这种特殊的社会历史条件下建设马克思主义政党的一系列重大问题。党的建设是党领导中国革命、建设和改革取得胜利的重要法宝。因此，中国共产党成立后，对如何加强党的自身建设做出了艰辛的探索，积累了丰富的经验，使党的建设出现了与时俱进、蓬勃发展的新局面。

　　1997 年，党的十五大第一次把"党的建设新的伟大工程"写进报告，并且深刻全面总结了党的建设新的伟大工程的理论和实践，为继续推进这个伟大工程指明了方向。2002 年，党的十六大报告中第一次提出要"全面推进党的建设新的伟大工程"并阐明了以改革的精神推进"新的伟大工程"的总目标和总要求。在庆祝中国共产党成立 100 周年大会上,习近平总书记指出:"一百年前,中国共产党成立时只有 50 多名党员,今天已经成为拥有 9500 多万名党员、领导着 14 亿多人口大国、具有重大全球影响力的世界第一大执政党。"他强调:"以史为鉴、开创未来,必须不断推进党的建设新的伟大工程。"

一、气势恢宏、内涵丰富的"总要求"

　　党和人民事业发展到什么阶段，党的建设就要推进到什么阶段，这是加强党的建设必须把握的基本规律。党的十九大高举中国特色社会主义伟大旗帜，深刻阐述了新时代中国共产党的历史使命，确立了习近平新时代中国特色社会主义思想的历史地位，对新时代推进中国特色社会主义伟大事业和党的建设新的伟大工程作出了全面部署。在党的十九大报告中提出了新时代党的建设总要求，即坚持和加强党的全面领导，坚持党要管党、全面从严治党，以加强党的长期执政能力建设、先进性和纯洁性建设为主线，以党的政治建设为统领，以坚定理想信念宗旨为根基，以调动全党积极性、主动性、创造性为着力点，全面推进党的政治建设、思想建设、组织建设、作风建设、纪律建设，把制度建设贯穿其中，深入推进反腐败斗争，不断提高党的建设质量，把党建设成为始终走在时代前列、人民衷心拥护、勇于自我革命、经得起各种风浪考验、朝气蓬勃的马克思主义执政党。

　　新时代党的建设总要求气势恢宏、内涵丰富，突出了马克思主义执政党的政治属性和全面从严管党治党的大思路大方略，具有鲜明的时代特色和崭新的理论特色，是指导新时代党的建设的总纲领和总遵循。学习理解这一总要求，要重点把握以下六个方面。

　　一是"坚持和加强党的全面领导"的根本原则。这是新时代党的建设的根本出发点和落脚点。党政军民学，东西南北中，党是领导一切的。习近平总书记在庆祝中国共产党成立 100 周年大会上的讲话中强调："中国共产党领导是中国特色社会主义最本质的特征，是中国特色社会主义制度的最大优势。"党的十九大报告把坚持和加强党的全面领导确立为党的建设的根本原则，充分显示了党坚定的政治自信，表明了党的建设的初心所在。

二是"坚持党要管党、全面从严治党"的根本方针。这是党的十八大以来党的建设的指导方针。在从严治党前加上"全面"二字，是对5年来党的建设的实践经验的规律性把握，实现了党的建设指导方针的与时俱进。

三是"四个以"的工作思路。"以加强党的长期执政能力建设、先进性和纯洁性建设为主线"，继承和发展了党的十八大报告相关表述，特别是把长期执政能力建设提到了全党面前，凸显了"永远在路上"的思想内涵和实践导向。"以党的政治建设为统领"，这是对党的建设历史特别是党的十八大以来党的建设宝贵经验的科学总结和理论升华，抓住了马克思主义执政党建设的根本点、关键点，在党的建设中必将起到纲举目张的作用。"以坚定理想信念宗旨为根基"，强调的是共产党人的初心和政治灵魂，通过加强党的建设，使广大党员干部不断坚定对马克思主义的信仰，始终牢记全心全意为人民服务的宗旨，自觉成为共产主义远大理想和中国特色社会主义共同理想的坚定信仰者和忠实实践者。"以调动全党积极性、主动性、创造性为着力点"，强调的是推进新时代中国特色社会主义伟大事业必须尊重党员的主体地位和首创精神，最大限度调动广大党员干部积极性、主动性、创造性，推动形成想作为、敢作为、善作为的良好风尚。

四是"5+2"的总体布局。"全面推进党的政治建设、思想建设、组织建设、作风建设、纪律建设，把制度建设贯穿其中，深入推进反腐败斗争"，这是党的十九大报告对党的建设总体布局的一个重大理论和实践创新，对于新时代全面加强党的建设具有重要意义。将长期沿用的"思想政治建设"区分为"政治建设"和"思想建设"，凸显了政治建设在党的各项建设中的统领和首要地位；新增"纪律建设"，体现了管党治党要把纪律规矩挺在前面的新鲜经验;将制度建设贯穿党的各项建设之中,回归了制度建设的内在规定性,更加凸显了制度建设的重要地位和作用;强调要"深入推进反腐败斗争",与加强纪律建设一起,充分表明了党坚定不移正风肃纪的坚强决心。

五是提高党的建设质量的迫切任务。当前,一些地方和部门党的建设工作质量不高,有的搞"两张皮",围绕中心服务大局不够;有的搞形式主义,注重实效不够。党的十九大报告强调要提高党的建设质量,就是要求党的建设工作必须紧紧围绕新时代党和国家各项工作的布局来展开,坚持和加强党的全面领导,不断提高党的建设科学化水平。

六是"五句话"的总目标。"始终走在时代前列、人民衷心拥护、勇于自我革命、经得起各种风浪考验、朝气蓬勃的马克思主义执政党",这是对新时代党的建设总目标的一个全新的概括。"五句话"既有各自丰富的内涵,又构成了一个统一的整体,充分彰显了党作为马克思主义执政党的先进性、纯洁性,彰显了党引领时代潮流、与时俱进的品格,彰显了党为中国人民谋幸福、为中华民族谋复兴的立党初心。

二、打铁必须自身硬

习近平总书记一再强调,打铁还需自身硬。党要管党丝毫不能松懈,从严治党一刻不能放松。习近平总书记为什么高度重视党的建设?主要原因就是认清了党的建设的极端重要性和党内存在问题的严重性。因此,以习近平同志为核心的党中央正风肃纪、反腐惩恶,消除了党和国家内部存在的严重隐患,党的领导显著加强,党群关系明显改善,党在革命性锻造中更加坚强,焕发出新的强大生机活力,为党和国家事业发展提供了坚强政治保证。把"还需"改为"必须",两字之别,颇含深意。这既是对过去党和国家各项事业取得历史性成就、发生历史性变革成功经验的深刻总结，更是对坚持和完善党的领导、全面从严治党、推进党的建设新的伟大工程的进一步强调。

中国共产党第十九届中央纪律检查委员会第六次全体会议于2022年1月18日至20日在北京举行，会议强调，勇于自我革命是我们党区别于其他政党的显著标志，是党跳出治乱兴衰历史周期率、历经百年沧桑更加充满活力的成功秘诀。习近平总书记在庆祝改革开放40周年大会上的讲话中强调，我们党只有在领导改革开放和社会主义现代化建设伟大社会革命的同时，坚定不移推进党的伟大自我革命，敢于清除一切侵蚀党的健康肌体的病毒，使党不断自我净化、自我完善、自我革新、自我提高，不断增强党的政治领导力、思想引领力、群众组织力、社会号召力，才能确保党始终保持同人民群众的血肉联系。

勇于解决自身的问题，能够正视自身存在的问题，这就是自我革命。无产阶级政党具有大无畏的自我革命精神，是由共产党人的一个特点决定的，那就是无产阶级政党是代表广大无产阶级利益的先进性政党，从来都不是代表少数人的利益小集团，历史上马克思、恩格斯创建无产阶级政党的时候都已经是这样子的了。

马克思、恩格斯在《共产党宣言》中强调，为了给实现共产主义创造条件，实现真正的平等，消灭工农、城乡、体力劳动和脑力劳动之间的差别，消灭旧的社会分工，使人们具有高尚的共产主义道德、具有高度的共产主义觉悟，无产阶级将在推翻了资本主义之后，通过发展社会生产力，利用自己的政治统治进行不断的革命来进行。

中国共产党建党的历史，就是党勇于自我革命的历史。一个又一个伟大胜利出现在革命、建设、改革和新时代，得益于勇于自我革命这个重要法宝和独特优势。在全面从严治党的背景下，党内存在的一些问题已经得到了解决，这是进入新时代之后我们取得的惊天动地的成果之一。但是，我们党还要下大力气去克服和战胜"四大危险"，从根本上解决党内存在的"四不纯",因为很多因素影响着党的先进性、弱化着党的纯洁性,党面临的执政环境也是异常复杂的,这就要求我们要一以贯之推进党的建设新的伟大工程,以自我革命和不断奋斗的精神把党建设得更加坚强有力,更加得到人民的拥护和支持。具体做法有三个方面。

第一,正视党内存在的"四不纯"等突出问题。对党内四个不纯的问题的认知,也经历了一个过程。党内"三不纯"首次被提出是在党的十九大上,思想不纯、组织不纯、作风不纯被作为党内没有解决好的问题而引起高度重视。政治不纯的突出问题首次被提出是在 2018 年 7 月的全国组织工作会议上。习近平总书记提出要解决好思想不纯、政治不纯、组织不纯、作风不纯的问题,体现了对党情深刻变化的准确把握,体现了党中央坚持问题的导向。早在党的十八大之后不久就召开的全国宣传思想工作会议上,习近平总书记对思想不纯的问题进行了详细的阐述,要求全体党员都要坚定理想信念,排除思想上的各种杂音,抵制各种思潮对思想的侵害。关于组织不纯,习近平总书记从组织和党员个人两个方面阐释了组织不纯的表现,提出了解决好组织不纯的要求和方法。关于作风不纯,习近平总书记思考得最多,论述得也最多,从党的十八大结束不久,就以作风为突破口,不断深入推进全面从严治党。关于政治不纯,习近平总书记不但提出党内存在的"七个有之",而且明确地要求全体党员不管是谁,"都不能拿政治纪律和政治规矩当儿戏"。面对党内存在的"四不纯",党在伟大实践中要花大力气和决心去解决。

第二,坚决贯彻新时代党的建设的总要求。在新时代,习近平总书记基于已有的党自我革命的历史事实和我们党的客观现实,着眼于我们党未来的发展,提出了党的建设的总要求,为党的进一步自我革命和不断加强党的建设指明了方向。

一是坚持和加强党的全面领导,坚持党要管党、全面从严治党。这两个坚持,既是对党的建设历史经验的总结,更是新时代中国特色社会主义的必然要求，在新时代的伟大实践中，必须一如既往地坚持，才能把党建设得更加坚强有力。

二是党的建设的主线、统领、根基、着力点和"5+2"的布局。首先是"四个以"的工作思路。明确了新时代党的建设的主线，将以往党的建设的主线中的执政能力建设调整为长期执政能力建设，增加"长期"二字，两字之差意蕴深刻，指明了中国共产党执政的长期性，更体现了新时代党的建设的新要求，使党的建设的主线更加科学，彰显了在新时代的背景下我们党对自身建设规律的科学认知，标志着党更加明晰地认识到新时代党的历史方位。其次是提出"以党的政治建设为统领"。政治建设直接决定着党在政治上的先进性和成熟程度，中国共产党始终把政治建设放在极为重要的位置，并根据不同时期党所处的历史环境和中心任务确定政治建设的主要内容。在新时代，习近平总书记要求以党的政治建设为统领，这就把党的政治建设提高到一个新的高度来认识和阐述，强调了政治建设在新时代党的建设中的首要地位。这不仅是对党和国家事业发展、对执政党建设的时代要求的有效回应，有利于巩固党的建设效果，更体现了党对自身建设规律的深刻把握，是马克思主义政党建设理论的重大创新。再次是"以坚定理想信念宗旨为根基"。革命理想高于天，在任何情况下，坚定马克思主义的信仰，树立和坚持明确的理想信念是中国共产党的鲜明特征。共产党人的精神之"钙"就是理想信念，"精神缺钙"，要得"软骨症"。习近平总书记强调的理想信念是共产党人的政治灵魂，特指的是社会主义和共产主义，在新时代的背景下，强调把远大政治理想和中国特色社会主义共同理想的统一。此外是"以调动全党积极性、主动性、创造性为着力点"。要永葆党的先进性，就要充分发挥积极性、主动性、创造性。新时代的背景下要致力于完成党的建设、推进党的建设新的伟大工程需要全党共同努力，更需要找准重点着手之处，全党积极性、主动性、创造性就是突破口。最后是"5+2"的布局，党的建设更加全面，尤其是把纪律建设作为党的五大建设之一，使党的建设内容更加丰富，契合了推进全面从严治党的新实践新要求。

三是提出不断提高党的建设质量和加强党的建设的标准。不断提高党的建设质量，这是中国特色社会主义新时代对党的建设的新要求，也是推进全面从严治党向纵深发展的需要。百年来，中国共产党从刚成立时只有50多名党员的小党，发展成拥有9500多万名党员的世界第一大政党，这样的显著成绩与党的建设质量是分不开的。虽然党的建设质量与党员数量关系密切，但不顾党的建设实际情况，一味扩大党员数量、扩大政党规模，反而会影响这个政党的品质。因此，在党的建设实践中，必须注重建设质量。此外，明确了党的建设的标准，即通过党的建设实践要达到的目标，这个标准契合了新时代的要求和广大人民群众的期盼，因此必须在实践中努力实现。

第三，不断把全面从严治党引向深入。全面从严治党必须持之以恒、毫不动摇，这是从党的建设实践中得出的结论。党的十八大以来，以习近平同志为核心的党中央坚定不移推进全面从严治党，取得重大成果，深得党心民心。在十九届中央纪委二次全会上，习近平总书记要求开创全面从严治党新局面，强调以永远在路上的执着把全面从严治党引向深入。在十九届中央纪委三次全会上，党对全面从严治党的规律性认识提升到全新高度，习近平总书记从改革开放40多年来从严管党治党的宝贵经验，对全面从严治党提出六项任务，为当前和今后一个时期继续推进全面从严治党提供了重要遵循。

三、书写更优异的答卷

1949年3月23日，即党中央离开西柏坡往北平进发的当天，毛泽东与周恩来进行了这样的一段对话。这天上午9时，周恩来对毛泽东说：

"主席，多休息一会儿好，乘长途汽车是很累的。"毛泽东回答说："恩来，今天是进京赶考的日子，不睡觉也高兴啊！"周恩来说："我们应当都能考试及格，不要退回来。"毛泽东说："退回来就失败了。我们决不当李自成，我们都希望考个好成绩。"①从此，"进京赶考"成了永远激励共产党人继续革命的"初心"。

然而，在"进京赶考"这四个字之中，"进京"是一段路程，是要到达的目的地；"赶"是一种精神状态，是要有紧迫感和危机感；"考"才是重点，是体现真才实学、真知灼见的关键。根据一般经验，要考个好成绩，除了必须有知识储备、实践能力之外，掌握和运用科学的考试方法也是十分重要的。毛泽东等老一辈革命家当年"进京赶考"的任务完成了，而且考了好成绩。但是，对毛泽东等老一辈革命家所创立的中国共产党来说，对毛泽东等老一辈革命家所开创的伟大事业来说，这场"考试"还在继续，还没有终结。因此，当代共产党人特别是作为党的中坚骨干的各级领导干部来说，必须增强"赶考"意识，不仅要提高学习能力，掌握更多的知识，而且要改进"考试"中的答题方法，才能考出更好的成绩。

实事求是地说，中国共产党的考试是合格的，中国共产党作为中国的执政党是当之无愧的。新中国成立以后，党领导人民群众进行社会主义革命建设和改革所取得的巨大成就，就是这一结论的最有力证明。那么，又为什么说这场考试并没有结束，或者说我们党面临的考试都来自哪些方面呢？概括地讲，有三个方面：一是我国发展中出现各种矛盾、困难和问题。当前，国内外环境都在发生极为广泛而深刻的变化，我国发展面临一系列突出矛盾和挑战，前进道路上还有不少困难和问题。二是党承担着"两个一百年"的历史重任。中国历史发展到今天，党成立

---

①杨明伟：《周恩来》，中央文献出版社 2010 年版，第 81 页。

100周年时已全面建成小康社会，正领导和依靠人民进行具有许多新的历史特点的伟大斗争，到新中国成立100周年时把我国建设成为富强民主文明和谐美丽的社会主义现代化强国，实现中华民族的伟大复兴，这"两个一百年"就是我们党今天所承担的历史重任。三是党的建设中存在突出问题。新形势下，我们党面临着许多严峻挑战，党内存在着许多亟待解决的问题。尤其是一些党员干部中发生的贪污腐败、脱离群众、形式主义、官僚主义等问题，必须下大气力解决。我们党一定要增强"赶考"意识，既要有"赶"的紧迫感、危机感，又要有"考"的责任感、使命感，还要牢牢掌握和正确运用答好"考卷"科学方法，凝心聚力地考出好成绩。

"路漫漫其修远兮，吾将上下而求索。"全党同志一定要不忘初心、继续前进，永远保持谦虚、谨慎、不骄、不躁的作风，永远保持艰苦奋斗的作风，勇于变革、勇于创新，永不僵化、永不停滞，继续在这场历史性考试中经受考验，努力向历史、向人民交出新的更加优异的答卷！

第十二章
永远与人民"在一起"

习近平同志在担任福州市委书记期间，读了《人民呼唤焦裕禄》一文，填写了《念奴娇》词。这首词发表在1990年7月16日的《福州晚报》上。

中夜，读《人民呼唤焦裕禄》一文，是时霁月如银，文思萦系……

念奴娇·追思焦裕禄

魂飞万里，盼归来，此水此山此地。百姓谁不爱好官？把泪焦桐成雨。① 生也沙丘，死也沙丘，父老生死系。② 暮雪朝霜，毋改英雄意气！

依然月明如昔，思君夜夜，肝胆长如洗。路漫漫其修远矣，两袖清风来去。为官一任，造福一方，遂了平生意。绿我涓滴，会它千顷澄碧。

一九九〇·七·十五

---

① 焦裕禄当年为了防风固沙，帮助农民摆脱贫困，提倡种植泡桐。如今，兰考泡桐如海，焦裕禄当年亲手栽下的幼桐已长成合抱大树，人们亲切地叫它"焦桐"。
② 焦裕禄临终前说："我死后只有一个要求，要求党组织把我运回兰考，埋在沙丘上。活着我没有治好沙丘，死了也要看着你们把沙丘治好！"

这首词真切表达了习近平同志对焦裕禄精神的深情赞颂和他爱民为民、责任担当的感人情怀。进入新时代，习近平总书记多次提到焦裕禄，特别是强调焦裕禄精神最突出的特点就是"心中装着全体人民，唯独没有他自己的公仆情怀"。

一、始终坚持全心全意为人民服务的宗旨

1944年夏天，张思德带领4个战士到安塞县烧炭。9月5日，窑洞即将挖成的时候，突然塌方了。张思德奋力把开窑口的战友推出洞去，自己则被砸埋在窑里，不幸牺牲，时年29岁。考虑到张思德是中央主要领导同志的警卫员，警卫队决定把消息直接报告毛泽东。毛泽东闻讯后，非常难过，对他的后事安排多次作出指示，并说要开个追悼会，而且还要去讲话。正是在纪念张思德的追悼大会上，毛泽东作了《为人民服务》的演讲："我们的共产党和共产党所领导的八路军、新四军，是革命的队伍。我们这个队伍完全是为着解放人民的，是彻底地为人民的利益工作的。张思德同志就是我们这个队伍中的一个同志。"接着毛泽东引述司马迁的话高度赞扬了张思德的牺牲精神，"人总是要死的，但死的意义有不同。中国古时候有个文学家叫做司马迁的说过：'人固有一死，或重于泰山，或轻于鸿毛。'为人民利益而死，就比泰山还重；替法西斯卖力，替剥削人民和压迫人民的人去死，就比鸿毛还轻。张思德同志是为人民利益而死的，他的死是比泰山还要重的。"[1]

毛泽东写的《为人民服务》一文思想非常丰富，最闪烁真理光辉的是其中对共产党人价值观的论述，也就是对共产党的宗旨的阐述。毛泽东认为："共产党是为民族、为人民谋利益的政党，它本身决无私利可图。它应该受人民的监督，而决不应该违背人民的意旨。它的党员应该站在民众之中，而决不应该站在民众之上。"[2]除了人民大众的利益，共

---

[1]《毛泽东选集》第3卷，人民出版社1991年版，第1004页。
[2]《毛泽东选集》第3卷，人民出版社1991年版，第809页。

产党及其领导的军队没有任何特殊利益。

邓小平在党的八大上指出："同资产阶级的政党相反，工人阶级的政党不是把人民群众当作自己的工具，而是自觉地认定自己是人民群众在特定的历史时期为完成特定的历史任务的一种工具。共产党——这是工人阶级和劳动人民中先进分子的集合体，它对于人民群众的伟大的领导作用，是不容怀疑的。但是，它之所以成为先进部队，它之所以能够领导人民群众，正因为，而且仅仅因为，它是人民群众的全心全意的服务者，它反映人民群众的利益和意志，并且努力帮助人民群众组织起来，为自己的利益和意志而斗争。"①既然党是人民的工具，领导干部是人民的公仆，中国共产党除了工人阶级和最广大劳动人民群众的利益之外没有也不追求特殊的利益，因而党就必须把一切从人民的利益出发，全心全意为人民服务，作为自己的根本立场和唯一宗旨。

党的十八大以来，习近平总书记踏遍千山万水，始终与人民在一起。

2013年11月3日，习近平总书记在湖南湘西土家族苗族自治州考察。习近平总书记边走边向村干部了解葡萄、柚子、猕猴桃等引种和销售情况。看到路边一筐筐水果，他拿起一个红心猕猴桃剥皮品尝，夸赞说："味道很好，口感很好。"听说这种猕猴桃一斤12到15块，一亩收入2.4万元，他说："那可是高附加值啊。"

山道狭窄，看到背着满篓柚子的村民，习近平总书记问："重不重？"听说有五六十斤，他赶紧侧身说："你快走吧，背着很重。"枝头挂满柚子，村民们正在采摘，习近平总书记捧住一个柚子，轻轻一拧就摘了下来。一连轻松摘了两个，他幽默地说："这是技术活啊。"

2015年1月19日，习近平总书记来到云南昭通、大理、昆明等地看望鲁甸地震灾区干部群众。在甘家寨受灾群众异地过渡安置点，习近平

---

① 《邓小平文选》第1卷，人民出版社1994年版，第217—218页。

总书记察看了临时党支部、警务室、消防室，接连走进 5 个帐篷看望群众，嘘寒问暖，详细了解群众生活保障情况。总书记走进邹体富老两口和孙子住的帐篷，吃饭、补助、收入等问得十分仔细。

二、一切为了人民，一切依靠人民

2022 年新年前夕，国家主席习近平通过中央广播电视总台和互联网，发表了 2022 年新年贺词。习近平主席说道："民之所忧，我必念之；民之所盼，我必行之。我也是从农村出来的，对贫困有着切身感受。经过一代代接续努力，以前贫困的人们，现在也能吃饱肚子、穿暖衣裳，有学上、有房住、有医保。全面小康、摆脱贫困是我们党给人民的交代，也是对世界的贡献。让大家过上更好生活，我们不能满足于眼前的成绩，还有很长的路要走。"①

马克思主义政党的生命力来自人民群众。一切为了人民，一切依靠人民，为绝大多数人谋利益，致力于实现最广大人民的根本利益，是马克思主义政党最鲜明的政治立场。马克思、恩格斯在创建第一个无产阶级政党时就庄严宣布了自己的政治立场和历史使命，是为绝大多数人谋利益的。过去的一切运动都是少数人的或者为少数人谋利益的运动。无产阶级的运动是绝大多数人的、为绝大多数人谋利益的独立的运动，作为无产阶级政党的共产党，他们没有任何同整个无产阶级利益不同的利益。这就深刻阐明了马克思主义政党的政治立场和阶级属性。中国共产党是以马克思主义为理论基础建立起来、坚持以马克思主义为行动指南的党。中国共产党是中国工人阶级的先锋队，同时是中国人民和中华民族的先锋队。中国共产党的根本宗旨是全心全意为人民服务。党的上述

①《国家主席习近平发表二〇二二年新年贺词》，人民网 2022 年 1 月 1 日。

性质、指导思想和根本宗旨都表明，人民群众是历史的主人、历史的创造者，是社会物质财富和精神财富的创造者，是社会变革的决定性力量。人民群众的利益、意志、愿望和要求，从根本上体现了社会发展的方向。实践证明，只有得到人民群众充分信赖和拥护的政党，才能生存发展、成长壮大，并无往而不胜。因此，中国共产党的一切理论和奋斗都是致力于实现最广大人民的根本利益，中国共产党的政治立场就是人民群众的立场。

在新的历史条件下，中国共产党以什么面貌执政和为人民掌好权、用好权，领导社会主义现代化建设，这决定着中国共产党的未来命运。执政党应该是一个什么样的党，以往马克思主义经典著作并没有给我们留下现成的答案。历史上，苏联解体和苏共垮台，以及国外一些长期执政的大党老党垮台的教训为我们提供了深刻启示——党必须代表最广大人民的根本利益。历史反复证明，一个政党也好，一个政权也好，得民心则兴，失民心则亡。过去是这样，现在是这样，将来也是这样。任何一个政党、任何一个政权都不能违背这个规律。

从本质上讲，共产党是代表绝大多数人、为绝大多数人谋利益的党。脱离群众是执政党面临的最大危险，因此加强和改进新形势下党的建设，必须坚持党要管党、从严治党，坚持严格要求、严格教育、严格管理、严格监督，开展批评和自我批评，严肃党的纪律，加强党风廉政建设，不断解决自身存在的问题，始终保持党的先进性和纯洁性。

三、"以百姓心为心"

在 2022 年春节团拜会上，习近平总书记朴实的话语里饱含浓浓暖意，洋溢着大国领袖、大党领袖的民生情怀，充满着我们党一脉相承的人民立场、一以贯之的价值追求。"以百姓心为心，与人民同呼吸、共命运、心连心，是党的初心，也是党的恒心。"对共产党人来说，永恒不变的初心使命就是为中国人民谋幸福，为中华民族谋复兴。回顾过去的一年，以人民为中心的暖心图卷徐徐铺展，向美好生活行进的步伐铿锵有力："双减"政策出台，让孩子们负担减轻了；医保药品目录"上新"，让老人们看病更便宜了；基本养老保险覆盖规模超10亿人，让百姓们的安全感更多更实了……正是因为"民之所忧，我必念之；民之所盼，我必行之"，正是因为"心中装着百姓，手中握有真理，脚踏人间正道"，一张张舒展幸福的笑脸绽放在千家万户，一曲曲美好生活的乐曲奏响在神州大地。

1981年《关于建国以来党的若干历史问题的决议》指出："党是为人民的利益而存在和奋斗的，但是党永远只是人民的一小部分；离开人民，党的一切斗争和理想不但都会落空，而且都要变得毫无意义。"过去是这样，将来也是这样。牢固树立"以人民为中心"的思想，既是中国共产党的优良传统，也是今天党的建设的根本价值取向。我们要始终站在人民群众的立场上，真心为群众着想，全力为群众造福，办好顺民意、解民忧、惠民生的实事，维护好、实现好、发展好最广大人民的根本利益。

首先，牢固树立马克思主义的群众观点。群众观，是对群众的历史地位和作用的基本看法，由此决定着对待群众的基本态度。马克思主义群众观认为：群众是历史的创造者。我们党也始终认为：群众是真正的英雄，是我们党的力量源泉和胜利之本。我们党历来高度重视群众工作，将党和群众的关系比之如鱼水，喻之为血肉，视之为种子与土地。我们党在革命、建设、改革开放和新时代各个历史时期的成就，都是通过团结带领人民共同奋斗取得的。在新形势下，党的事业能不能顺利发展，关键就在我们党能不能始终保持同人民群众的血肉联系，能不能充分发挥人民群众的积极性、主动性、创造性。在长期革命和建设实践中，我们党形成并坚持发扬了理论联系实际、密切联系群众、批评与自我批评等优良作风。这是党的工人阶级先锋队性质和全心全意为人民服务宗旨的体现，是中国共产党区别于其他政党的显著标志，也是党千锤百炼更坚强的重要原因。虽然党所处的历史方位可以变、党的具体工作可以变，但党的群众观点在任何时期任何情况下都不能变。我们要把历史上党的群众工作的优良传统和作风传承下来，并结合新的形势，做好群众工作。

其次，落实好以人民为中心的发展思想。中国共产党是中国最广大人民根本利益的忠实代表者和坚定维护者，这不仅体现在党的理论观点上，更重要的是体现在党的实践中。2016 年 1 月 26 日，习近平总书记在主持召开中央财经领导小组第十二次会议时强调，供给侧结构性改革的根本目的是提高社会生产力水平，落实好以人民为中心的发展思想。落实好以人民为中心的发展思想，必须在思想和行动上同党中央保持一致。全体党员和党的领导干部必须坚决贯彻执行党的路线、方针、政策，坚决维护中央权威，做到令行禁止。在具体工作中，自觉地把本地区、本部门的工作放到全党、全国改革和发展的大局中来考量，而不能片面强调本地区、本部门的利益，把全局利益和长远利益置之度外。

再次，正确调整和处理深化改革中的利益格局和利益矛盾。以改革开放为鲜明特征的新的革命，必然带来各种利益关系和利益格局的深刻调整，使人民内部的利益矛盾出现新的情况，并带有过去不曾有的复杂性。既然经济成分和经营方式多元化，利益主体就会多元化；既然要实行按有效劳动分配利益以提高效率，那么人们的收入就会拉开差距；既然要实行市场竞争，那么就有可能会出现一些人受益或受损等问题。为此，必须正确调整改革中的利益格局，妥善处理和协调各种利益矛盾。这既是改革顺利进行的保证，又是做好新形势下群众工作的重点。2011 年 1 月 5 日，习近平同志与中央党校第 48 期省部级干部进修班学员座谈时强调，群众工作的本质是密切党群关系，核心是正确处理人民内部矛盾。有矛盾就要认识矛盾、解决矛盾，才能推动党和国家事业的发展。如果对人民内部矛盾视而不见，见而不管，就必然使矛盾积累，甚至会使人民内部矛盾变质为敌我矛盾，给党和国家事业造成危害，给人民利益造成损害，影响社会的和谐稳定。

最后，坚定不移地始终保持党同最广大人民群众的血肉联系。保持党同广大人民群众的血肉联系是中国共产党区别于其他政党的显著标志之一，也是中国共产党群众工作成功的根本。今天，中国共产党所处的历史时代发生了巨大变化，人民群众所处的历史环境也发生了重大变化。但千变万化，中国共产党党群关系的实质不能变，始终保持党同广大人民群众的血肉联系是党永远不变的价值选择。一方面，党要通过领导发展，深化改革，努力满足人民日益增长的美好生活需要。在整个现代化建设的过程中，一定要使群众得到应该得到的、看得见的物质利益，而且随着经济的发展，要使群众得到的、看得见的物质利益不断增加。这样才能使群众愈来愈深刻地认识到实行改革开放和实现社会主义现代化是祖国的富强之道，也是自己的富裕之道，更加自觉地为之共同奋斗。这是我们事业不断发展并取得最终成功的根本保证。另一方面，党也必须下大力气解决权力腐败问题。党在社会主义国家的执政地位，给我们党运用手中的权力为人民服务提供了许多便利条件。但是，权力如果不受监督，就会被滥用，就会产生腐败，这是古今中外的事实所证实了的规律。我们党的党员和干部，虽然有较高的政治觉悟和道德水准，但这只是为党员、干部正确运用权力奠定了自律的思想基础，还必须有强有力的监督，发挥他律的作用，才能保证人民赋予的权力始终用来为人民谋利益。凡是涉及群众切身利益的决策都要充分听取群众意见，凡是损害群众利益的做法都要坚决防止和纠正。要努力做好新形势下的群众工作。党的群众工作的优良传统和经验，在历史上发挥了它的作用，这些经验直到今天依然是我们要发扬的。但也要看到，今天党所处的客观环境、面临的任务和过去相比有很大不同，相应地，党的作风建设的要求也应该有所不同。今天就是要按照党的十九大要求，把解决人民群众最关心、最直接、最现实的利益问题作为群众工作的核心任务，坚持问政于民、问需于民、问计于民，从人民伟大实践中汲取智慧和力量。

总之，前进道路上，必须始终把人民对美好生活的向往作为我们的奋斗目标，践行党的根本宗旨，贯彻党的群众路线，尊重人民主体地位，尊重人民群众在实践活动中所表达的意愿、所创造的经验、所拥有的权利、所发挥的作用，充分激发蕴藏在人民群众中的创造伟力。要健全民主制度、拓宽民主渠道、丰富民主形式、完善法治保障，确保人民依法享有广泛充分、真实具体、有效管用的民主权利。要着力解决人民群众所需所急所盼，让人民共享经济、政治、文化、社会、生态等各方面发展成果，有更多、更直接、更实在的获得感、幸福感、安全感，不断促进人的全面发展、全体人民共同富裕。

第十三章
迎接新的考试

    1949 年 3 月 23 日上午，党中央从西柏坡动身前往北京时，毛泽东说："今天是进京赶考的日子。"70 多年的实践证明，我们党在这场历史性考试中取得了优异成绩。同时，这场考试还没有结束，还在继续。今天，我们党团结带领人民所做的一切工作，就是这场考试的继续。正如《中共中央关于党的百年奋斗重大成就和历史经验的决议》中强调："过去一百年，党向人民、向历史交出了一份优异的答卷。现在，党团结带领中国人民又踏上了实现第二个百年奋斗目标新的赶考之路。"[①]时代是出卷人，我们是答卷人，人民是阅卷人。我们一定要继续考出好成绩，在新时代新征程上展现新气象新作为。

[①]《〈中共中央关于党的百年奋斗重大成就和历史经验的决议〉辅导读本》，人民出版社 2021 年版，第 354—355 页。

一、"为人民幸福而奋斗"

2022 年 1 月 30 日，中共中央、国务院在人民大会堂举行 2022 年春节团拜会，习近平主席发表讲话强调：世界上最大的幸福莫过于为人民幸福而奋斗。

1962 年，毛泽东在《在扩大的中央工作会议上的讲话》中指出："从现在起，五十年内外到一百年内外，是世界上社会制度彻底变化的伟大时代，是一个翻天覆地的时代，是过去任何一个历史时代都不能比拟的。处在这样一个时代，我们必须准备进行同过去时代的斗争形式有着许多不同特点的伟大的斗争。为了这个事业，我们必须把马克思列宁主义的普遍真理同中国社会主义建设的具体实际，并且同今后世界革命的具体实际，尽可能好一些地结合起来，从实践中一步一步地认识斗争的客观规律。要准备着由于盲目性而遭受到许多的失败和挫折，从而取得经验，取得最后的胜利。"[①]中国人民在中国共产党领导下，不断探索中国特色社会主义，不但建立了独立完整的工业体系和国民经济体系，而且通过改革开放的伟大实践，在国内外形势十分复杂、世界社会主义出现严重曲折的严峻考验面前捍卫了中国特色社会主义。党依据新的实践确立了党的基本纲领、基本经验，确立了社会主义市场经济体制的改革目标和基本框架，确立了社会主义初级阶段的基本经济制度和分配制度，开创了全面改革开放新局面，推进了党的建设新的伟大工程，成功把中国特色社会主义推向 21 世纪。党的十九大对实现第二个百年奋斗目标作出分两个阶段推进的战略安排。从 2020 年到 2035 年基本实现社会主义现代

---

①《毛泽东文集》第 8 卷，人民出版社 1999 年版，第 302 页。

化，从 2035 年到本世纪中叶把我国建成社会主义现代化强国。今天，我们比历史上任何时期都更接近、更有信心和能力实现中华民族伟大复兴的目标。同时，全党必须清醒认识到，中华民族伟大复兴绝不是轻轻松松、敲锣打鼓就能实现的，前进道路上仍然存在可以预料和难以预料的各种风险挑战；必须清醒认识到，我国仍处于并将长期处于社会主义初级阶段，我国仍然是世界最大的发展中国家，社会主要矛盾是人民日益增长的美好生活需要和不平衡不充分的发展之间的矛盾。全党要牢记中国共产党是什么、要干什么这个根本问题，把握历史发展大势，坚定理想信念，牢记初心使命，始终谦虚谨慎、不骄不躁、艰苦奋斗，从伟大胜利中激发奋进力量，从弯路挫折中吸取历史教训，不为任何风险所惧，不为任何干扰所惑，决不在根本性问题上出现颠覆性错误，以"咬定青山不放松"的执着奋力实现既定目标，以"行百里者半九十"的清醒不懈推进中华民族伟大复兴进程。

二、发扬斗争精神

斗争是人类社会发展运动规律的一个基本现象，是普遍存在的永无止境的历史活动。珍贵品质或美好事物都需要在不断斗争中才能磨砺而出。任何目标都不是轻松实现的，越是伟大的事业，往往越是充满艰难险阻，需要发扬斗争精神，进行伟大斗争。斗争精神是中国共产党人最强大的基因。正是具有了斗争精神这个强大的基因，中国共产党才能带领中国人民冲锋陷阵、所向披靡、无所畏惧、气冲霄汉、斗志昂扬，取得了一个又一个伟大胜利。正如习近平总书记所说："马克思主义产生和发展、社会主义国家诞生和发展的历程充满着斗争的艰辛。建立中国共产党、成立中华人民共和国、实行改革开放、推进新时代中国特色社会主义事业，都是在斗争中诞生、在斗争中发展、在斗争中壮大的。"①

　　"天下虽安，忘战必危。"经过近百年的奋斗洗礼，斗争精神早已融入共产党人的血脉。今天，我们正在进行具有许多新的历史特点的伟大斗争。这是由复杂的国际环境、国际形势决定的，也是由国内的环境决定的。人类文明发展面临的新机遇新挑战层出不穷，不确定不稳定因素明显增多。国际体系和国际秩序深度调整，大国战略博弈全面加剧，世界正经历新一轮大发展大变革大调整。习近平总书记指出："当前，我国处于近代以来最好的发展时期，世界处于百年未有之大变局，两者同步交织、相互激荡。"②"为有牺牲多壮志，敢教日月换新天。"大变局给中华民族伟大复兴带来的重大机遇，在大变局时代继续开拓发展新空间，进而迈向建设社会主义现代化强国的新征程，需要坚持马克思主义的指导作用，需要继续发扬斗争精神。

　　"船到中流浪更急，人到半山路更陡。"中华民族伟大复兴，绝不是轻轻松松、敲锣打鼓就能实现的，作为一场伟大的社会革命，新时代坚持和发展中国特色社会主义是充满荆棘的，不是一帆风顺的，我们面临的各种斗争不是短期的而是长期的。在中国特色社会主义进入新时代的关键时刻，面对着错综复杂的形势和成千上万的困难与挑战，还有许多"娄山关""腊子口"需要征服。如在深化改革的问题上，有许多意想不到的困难和阻力。在经济社会的发展中，会发生许多突发事件，也会有许多自然灾害。在这些危急时刻，中国共产党人就要发扬斗争精神，面对危机敢于挺身而出，要敢打攻坚战、敢蹚深水区，要有明知山有虎、偏向虎山行的劲头。要带领人民群众战风险、渡难关，而绝不能在危机面前畏首畏尾、瞻前顾后。要关键时刻豁得出来、顶得上去，而决不能

---

①《习近平谈治国理政》第 3 卷，外文出版社 2020 年版，第 225 页。
②《习近平谈治国理政》第 3 卷，外文出版社 2020 年版，第 428 页。

茫然不知所措、手忙脚乱。要在危急情况、大灾大难、突发事件时临危不惧、靠前指挥，而决不能躲闪回避、贻误时机，给工作造成被动。在伟大斗争中，真正成为带领人民群众战风险、渡难关的主心骨。

斗争不是抽象的宣传口号，而是具体的实际行动。斗争精神、斗争本领，不是与生俱来的，要在担当作为中、在政治历练中、在实践锻炼中增强斗争本领。国内外环境都在发生极为广泛而深刻的变化，中国要在中国共产党的带领下实现奋斗目标还有不少困难和问题。经过改革开放40多年的发展，一系列矛盾亟须有效解决，人民的期盼需要共产党人做出有效回应。要前进，就要克服困难和矛盾，绕是绕不过去的，在新时代的伟大斗争中要不惧各种风霜、烈火考验，要以坚韧的毅力迎接社会主义建设中的重重困难和种种挑战。克服一个困难和矛盾就会前进一步，就会登上一个新的台阶。解决一个难题就是打一场硬仗，在困难和矛盾面前，中国共产党人需要抱着迎难而上的决心，以敢啃"硬骨头"的勇气，找准"突破口"，认真去做、用心去做、努力去做，必能"逢山开路，遇水架桥"，再大的困难都会迎刃而解。中国共产党人必须经风雨、见世面、长才干、壮筋骨，保持斗争精神，决不能坐看矛盾问题积累恶化，也不能有"等靠要"的想法，更不能推卸责任、金蝉脱壳。要从解决具体问题做起，勇当新时代的劲草真金，直面问题和矛盾，义无反顾地承担自己肩负的历史使命。

发扬斗争精神需要"面对大是大非敢于亮剑""面对歪风邪气敢于坚决斗争"。当前意识形态领域形势总体上向好，但是随着市场经济的发展，特别是网络技术的发展，给意识形态工作带来挑战。一些敌对势力制造大量混淆视听的负面舆论，造谣污蔑、借题发挥、小题大做、挑拨离间给我们带来各种麻烦和问题，尤其是意识形态网络渗透的力度不断加大，用各种形式来给广大人民群众制造烟幕弹，使得意识形态领域渗透与反渗透的斗争尖锐复杂。面对这些情况，中国共产党人要不断夯实敢于斗争、善于斗争的思想根基，掌握马克思主义立场观点方法。主动投身到各种斗争中去，既要敢于亮剑、敢于斗争，又要善于斗争，做"战士"不做"绅士"，坚决抵制错误思想侵蚀，在斗争中不断增强斗争本领。

2022年3月1日，习近平总书记在春季学期中央党校（国家行政学院）中青年干部培训班开班式上发表的重要讲话强调，担当和斗争是一种精神，最需要的是无私的品格和无畏的勇气。无私者无畏，无畏者才能担当、斗争。担当和斗争是一种责任，敢于负责才叫真担当、真斗争。新时代是奋斗者的时代，中国共产党人必须充分认识这场伟大斗争的长期性、复杂性、艰巨性，积极发扬马克思主义的指导作用和斗争精神，坚定斗争意志、把准斗争方向、明确斗争任务、掌握斗争规律、讲求斗争方法，勇于斗争，善于斗争，坚持斗争过程和斗争实效相统一，保持一往无前的斗争姿态，不在任何压力下吞下损害中华民族根本利益的苦果，不拿原则做交易，不在困难面前低头，不在挑战面前退缩，始终做到在维护国家核心利益上敢于针锋相对，在全面从严治党上敢于动硬，在改革发展稳定工作中敢于碰硬，在事关中国特色社会主义前途命运的大是大非问题上坚定不移。把初心和使命落实到本职岗位上、一言一行中，在具有许多新的历史特点的伟大斗争中取得新的胜利。

三、不忘初心、牢记使命

中国共产党人的初心和使命是始终贯穿于党的革命、建设和改革的价值旨归和行动导向。初心和使命激励着一代又一代中国共产党人砥砺奋进。"初心"和"使命"要直接回应的是我是谁、为了谁、依靠谁，从哪里来、到哪里去，要干什么、怎么干。党的十九届六中全会再次强调了这个问题。

激励一代代中国共产党人前赴后继、英勇奋斗的根本动力，是中国共产党人的初心和使命。中国共产党的诞生是中华民族走向复兴的转折点。为中国人民谋幸福，为中华民族谋复兴，这是中国共产党的历史使命，党一经成立便义无反顾地肩负起来。100多年来，经历风雨沧桑、风险考验，实现共产主义的最高理想和最终目标的定位从来没有改变过。因此，在100多年波澜壮阔的历史进程中，我们党攻克了一个又一个看似不可攻克的难关，敢于面对曲折，勇于修正错误，团结带领人民历经千难万险，付出巨大牺牲，始终做到初心不改、矢志不渝。无论是顺境还是逆境，无论弱小还是强大，始终保守本性，最终创造了一个又一个彪炳史册的人间奇迹，谱写了气吞山河的壮丽史诗。纵观百年奋斗历程，中国共产党之所以"能"，根本原因就在于不忘初心，牢记使命；在于坚守信仰，忠贞不渝；在于坚守真理，与时俱进；在于坚守宗旨，执政为民！

中国梦的本质是国家富强、民族振兴、人民幸福。"人民对美好生活的向往，就是我们的奋斗目标。"中国梦归根到底是人民的梦，必须紧紧依靠人民来实现，必须不断为人民造福。因此，中国共产党始终为人民利益和幸福而努力奋斗，始终全心全意为人民服务，始终把人民放在心中最高位置。中华民族近代以来最伟大的梦想，是实现中华民族伟大复兴。对复兴有如此深切的渴望，是因为中华民族是历经过苦难的民族。之所以懂得复兴的意义，是因为中华民族是创造过辉煌的民族。

事业发展永无止境，共产党人的初心永远不能改变。走得再远，都不能忘记来时的路，不能忘记为什么出发。怎么做才能让中国共产党永远年轻，那只有不忘初心、牢记使命、永远奋斗。党的十九大鲜明地向世人宣示了我们党在新时代举什么旗、走什么路、以什么样的精神状态、担负什么样的历史使命、实现什么样的奋斗目标的重大问题，是对当前和今后一个时期党和国家工作提出的总要求，是向全党全国各族人民吹响的前进号角。习近平总书记告诫全党不忘初心、牢记使命，就是要求坚定政治信念，矢志不渝为中国人民谋幸福，始终保持一往无前的奋斗姿态和永不懈怠的精神状态。

不忘初心，方得始终。始终保持对人民的赤子之心，始终保持建党时中国共产党人的奋斗精神，我们党才能完成近代以来各种政治力量不可能完成的艰巨任务，始终成为领导中国革命、建设、改革事业的核心力量。因此，必须铭记党的奋斗历程，时刻不忘初心，担当党的崇高使命，矢志永远奋斗。新时代，要做到善作善成、一往无前，赢得民心、赢得时代，告慰历史、告慰先辈，唯有不忘初心。正如《中共中央关于党的百年奋斗重大成就和历史经验的决议》指出的，不忘初心，方得始终。中国共产党立志于中华民族千秋伟业，百年恰是风华正茂。现在，党团结带领中国人民又踏上了实现第二个百年奋斗目标新的赶考之路。时代是出卷人，我们是答卷人，人民是阅卷人。我们一定要继续考出好成绩，在新时代新征程上展现新气象新作为。

后记

　　中国共产党建党 100 多年了。党的十九届六中全会通过的《中共中央关于党的百年奋斗重大成就和历史经验的决议》指出，中国共产党自 1921 年成立以来，始终把为中国人民谋幸福、为中华民族谋复兴作为自己的初心使命，始终坚持共产主义理想和社会主义信念，团结带领全国各族人民为争取民族独立、人民解放和实现国家富强、人民幸福而不懈奋斗。

　　本书以历史为线索，以历史人物为素材，真实形象地告诉读者，中国共产党是一个怎样的政党、中国共产党是怎么发展的。通过本书，不但可以了解党的性质、党的宗旨、党的指导思想、党的纲领和奋斗目标以及党的组织和党的路线、方针、政策，了解党是如何发展党员和如何选拔干部，还可以了解党在领导革命、建设、改革和新时代培育了哪些精神财富、涌现了哪些英雄模范，从而更好地体会 100 年来党坚持性质宗旨，坚持理想信念，坚守初心使命，勇于自我革命，在生死斗争和艰苦奋斗中经受住各种风险考验、付出巨大牺牲，锤炼出鲜明政治品格，形成的以伟大建党精神为源头的精神谱系。

　　全书所选编的人物故事都来自于公开出版物，恕不一一列举，在此一并感谢。

编者

2022 年 9 月